DISCOVERY

让青少年着迷的科普书
彩图珍藏版

世界之最大百科

刘阳◎编著

 吉林出版集团股份有限公司·全国百佳图书出版单位

图书在版编目 (CIP) 数据

世界之最大百科 / 刘阳编著. -- 长春：吉林出版集团股份有限公司，2013.12
（奥妙科普系列丛书）
ISBN 978-7-5534-3919-8

Ⅰ.①世… Ⅱ.①刘… Ⅲ.①科学知识－青年读物 ②科学知识－少年读物 Ⅳ.① Z228.2
中国版本图书馆 CIP 数据核字 (2013) 第 317283 号

SHIJIE ZHI ZUI DA BAIKE
世界之最大百科

编　　著：	刘　阳
出版人：	齐　郁
选题策划：	朱万军
责任编辑：	孙　婷
封面设计：	晴晨工作室
版式设计：	晴晨工作室
出　　版	吉林出版集团股份有限公司
发　　行	吉林出版集团青少年书刊发行有限公司
地　　址	长春市福祉大路 5788 号
邮政编码：	130021
电　　话：	0431-81629800
印　　刷：	三河市嵩川印刷有限公司
版　　次：	2014 年 3 月第 1 版　2021 年 1 月第 4 次印刷
开　　本：	710mm×1000mm　1/16
印　　张：	12
字　　数：	176 千字
书　　号：	ISBN 978-7-5534-3919-8
定　　价：	39.80 元

版权所有　翻印必究

我们每个人都生活在这个世界当中，每个人都认为自己对周围、对世界是熟悉的，但是却并不知道，其实我们所生活的这个世界上有着太多神秘的色彩！神秘的人和神秘的景致，有着很多世界闻名的"世界之最"。

本书从地理、人文、动植物等不同的方面将这些世界之最呈现在广大的读者朋友们面前，旨在能够通过文字让读者们感受到一种知识广度的拓展和一种心灵上的冲击。通过对本书的阅读，使读者们从更多的层面去了解我们所生活的这个世界，进而产生更浓厚的对知识对科学和百科知识探索的兴趣。

目录

第一章　地理大百科

- 002　"触目惊心"的地球大"伤疤"
- 006　世界上最高的瀑布
- 008　走进世界上最长的洞穴
- 011　探秘世界上最大的天坑
- 014　世界上最大的珊瑚礁——大堡礁
- 016　发掘世界上最长的暗河
- 018　行走在世界上最大的沙漠
- 021　最大的金字塔
- 023　游弋于世界上最淡的海
- 026　世界上最浅的海是什么
- 028　神秘的世界上最透明的海

第二章　国家大探秘

- 036　哪个国家领土最大

038 弹丸之地——领土最小的国家

040 馨香的玫瑰之国

042 世界上最小的岛国瑙鲁

044 馥郁的郁金香之国

046 芬芳的丁香之国

048 大象之邦——泰国

050 遍地都是牛的印度

052 袋鼠之国——澳大利亚

055 最有钱的国家

058 湖沼之国

061 五彩缤纷的彩虹之国

第三章 动物大观园

064 毒蛇之最

066 可怕的超级大蜥蜴

068 海洋中的"智叟"

071 鸟类的"飞行冠军"

074 追逐光明的鸟中"夸父"

076 鱼中的"英雄母亲"

078 两栖动物中的活化石

目录

080　陆地上的"巨无霸"

082　世界上最大的动物是什么

085　世界上最大的爬行动物

087　动物世界的奔跑冠军

089　最古老的哺乳动物

091　世界上最小的品种狗

093　世界上最稀有的鸟

第四章　人文大放送

096　第一个飞天英雄

099　美国版嫦娥登月

102　游泳距离最长的人

104　最有效的杀虫植物

106　世界第一高的人

108　最伟大的发明天才"爱迪生"

111　最早登上珠峰的勇士

114　法兰西之传奇战神

117　难得"糊涂"的航海家

120　东方兵圣——孙子

122　最早飞上天的人

124　历史上最早的"花木兰"

127　近代科学的奠基人

129　最早的钢琴

第五章　建筑大揭露

132　"手可摘星辰"之世界最高楼

134　世界第一水电枢纽

136　铁路之万里长城

139　世界明珠——布达拉宫

142　世界最雄伟的庙宇——吴哥窟

145　世界第一大教堂

147　中华之骄傲——长城

149　世界第一座国家公园

151　现存最完整的古代皇宫

153　最具神秘感的办公楼

155　最重的雕塑之自由女神像

157　现今世界最长的吊桥

目录

第六章　植物大奥秘

- 160　臭如腐尸一般的花
- 162　世界花王之大花草
- 164　如针尖般小的袖珍花朵
- 166　长速惊人的毛竹
- 168　世上最孤独的花
- 170　最害羞的草——含羞草
- 172　自动灭火的树
- 174　能分泌血液的树
- 175　一身是"宝"的活化石
- 177　植物中的肉食者
- 179　难得一见的奇花异草
- 182　会行走的树
- 183　见血封喉的树

第一章
地理大百科

世界之大，无奇不有。那些令人瞩目的世界地理之最，处处给人以震撼，以感动。循着岁月的长河，我们用文字去感触这些我们可能永远无法企及的"世界之最"，去领略它们的奇、险、峻、秀吧。

世界之最大百科

Part.01 第一章
"触目惊心"的地球大"伤疤"

我们每一个人大概都见过伤疤，或者多多少少的在身体上都留下过伤疤的印记，看到这些伤疤的时候，是否让你想起一些经历，是否让自己产生一些感触？但是你们看到过长度达到6500千米的"伤疤"吗？

我们所说的这道"伤疤"其实就是东非大裂谷。广义上的东非大裂谷，自北部西亚起，靠近伊斯肯德仑港的南土耳其是它的起始位置，向南一直抵达非洲东南部，延伸到贝拉港附近的莫桑比克海岸，总长度大于6500千米，这条大裂谷跨越50多个纬度，作为世界大陆上最大的断裂带，它成为地球上一道触目惊心的伤疤。

如果我们从卫星照片上去看，这道伤疤更显得真实无比。假如你有机会乘坐飞机跨越浩瀚的印度洋，在进入东非大陆的赤道上空时，通过飞机的机窗俯瞰地

知识小链接

东非大裂谷自渐新世开始下陷，到了中新世发生主要的断裂运动，而大幅度错动时期则是从上新世一直延续到第四纪。经过长时间的变化，红海自北段形成，使阿拉伯半岛与非洲大陆分离；在几条活动裂谷扩张作用下马达加斯加岛也与非洲大陆分裂开。

❖ 东非大裂谷

❖ 东非大裂谷

面，那道能够带给你惊异和神奇感觉的硕大无比的"刀疤"就会呈现在眼底。这就是著名的"东非大峡谷"，也被叫作"东非大峡谷"或是"东非大地沟"。但是无论我们称它为什么，这条长度约为地球赤道周长六分之一的大裂谷，都实实在在地存在于那里，它以宏伟的气势、壮观的景色，征服着古往今来不计其数的人。这条世界上最大的裂谷带，被人们形象地称为"地球表皮上的一条大伤痕"。

肯尼亚有一个特别有趣的称号——"东非十字架"，而这个称号的获得也和这条大裂谷有关，因为在肯尼亚境内，裂谷纵贯南北，轮廓清晰地将整个国家劈成两半儿，而其又刚好和横穿全国的赤道相交叉，这样，就有了我们前面说到的"东非十字架"的称号。裂谷的两侧山峦起伏，悬崖断壁林立，这些悬崖几乎与地面垂直，就像高耸的两垛墙一般。裂谷南端的"东墙"上方，肯尼亚首都内罗毕就坐落在这里。登上悬崖，放眼望去，眼前的景色让人内心感觉到无比震撼，裂谷深不可测，底部的死火山犹如被抛掷沟壑之中的弹丸，苍翠的松柏呈现着旺盛的生命力，一串串湖泊犹如宝石闪闪发光。海拔5199米，有着"非洲第二高峰"之称的肯尼亚山位于裂谷的右侧。

❖ 东非大裂谷

阿贝湖、图尔卡纳湖、沙拉湖、马拉维湖、马加迪湖、坦噶尼喀湖等非洲大大小小的30个湖泊都集中在东非大裂谷中，使这里成为一座巨型的水库，水色湛蓝清澈,千变万化。同时,湖区丰富的水量,湖滨肥沃的土地,滋养了周边的植被,繁茂的植被环境又吸引众多的野生动物在此栖息。大象、河马、犀牛、非洲狮、羚羊、狐狼、秃鹫、红鹤等在这里随处可见。肯尼亚、坦桑尼亚等国家政府部门已经把这些地方列为野生动物园或者设置野生动物自然保护区,对其进行保护。

以位于肯尼亚峡谷省省会那纳库鲁近郊的纳库鲁湖为例,这个湖泊鸟类资源极其丰富,共有鸟类400多种,这里是肯尼亚重点保护的国家公园之一。一般情况下,这里会有5万多只火烈鸟聚集,而最多的情况下是15万只,可以想象,这成千上万只的鸟儿在湖泊栖息,在湖面飞翔时,湖面上远远地呈现出一片红霞,十分壮丽。在这里,还有一种被称为世界上最漂亮的鸟——弗拉明哥鸟,这些鸟儿的存在更给整个湖区增加了一份吸引人的景观。

说到裂谷带的重要景观,不能不说的是裂谷带区域的草原。面积大是这里的草原一个重要特征,而且非洲大部分特征性动物资源就集中在这里。裂

❖ 东非大裂谷

东非大裂谷

谷带草原的典型代表是马赛马拉和赛伦盖蒂两个国家公园，这两个公园虽然分属于肯尼亚和坦桑尼亚两个国家，但是却连成一个整体。

那么这条大裂谷是如何形成的？根据地质学家的考察研究，强烈的地壳断裂运动是促其形成的主要原因，而这种变化大约发生在 3000 万年之前，正是因为这种强烈的断裂运动，造成同阿拉伯古陆块相分离的大陆漂移运动，从而形成了这个裂谷。那个时期，这一地区地壳不稳定，处于大运动时期，整个区域向上抬升，而地壳下面的地幔物质的上升分流产生的巨大张力，促成地壳发生大的断裂，裂谷继而形成。抬升运动和地壳断裂在不断地进行着，而在整个过程中，地下熔岩也在不断地涌出，高大的熔岩高原在这样不断的积累中形成，高原上的众多山峰则是由火山形成，断裂的下陷地就成了大裂谷的谷底，总长达到 6400 千米。

东非大裂谷

Part.01 第一章

世界上最高的瀑布

"飞流直下三千尺,疑似银河落九天",读着古人的诗句,感受着瀑布自上奔腾而下的气势,似乎置身其中。但是读者朋友们,你们知道世界上最高的瀑布在哪里吗?你们想不想去感受一下这最高的瀑布带来的震撼呢?

知识小链接

安赫尔瀑布是世界上最高的瀑布,丘伦河水从平顶高原奥扬特普伊山直流而下,宽150米,总落差979米,以离丘伦河谷地172米的分结晶岩平台为界,瀑布分为两级,而最长一级瀑布高807米。

位居世界十二大瀑布之一的安赫尔瀑布又被称为丘伦梅鲁瀑布。南美洲委内瑞拉玻利瓦尔州的圭亚那高原是这条瀑布的藏身之处,它位于卡罗尼河支流丘伦河上,在委内瑞拉与圭亚那的高原茂密茫茫的丛林掩映下,这条世界上落差最大的瀑布更彰显出它的奇特和神秘色彩。

❖ 安赫尔瀑布

说到世界上最高的瀑布安赫尔瀑布的得名,我们可以先从一个故事说起,故事的主人公是一个美国探险家和美国飞行员安赫尔,故事发生在50多年前巴拿马的一

家酒店里。这个美国探险家向飞行员安赫尔描述了一个神秘地带并请求他用飞机带自己到达那个地方。正是因为探险家的描述，安赫尔对这个地方产生了兴趣——那是一片鲜为人知的丛林地带，这里有一条溪流，而澄净的流水冲积着的是光芒闪闪的金子……安赫尔欣然同意载探险家前往，并答应了不将这条溪流的位置告诉任何人的要求。因此他还得到了探险家付给他的5000美元酬金。而探险家这一次在这里捞了45千克的金子，他们到达的这条溪流就位于委内瑞拉。

后来探险家死了，安赫尔将自己的承诺抛至脑后，于1937年10月9日这一天独自驾飞机去委内瑞拉寻找他们曾经去过的那条溪流。正是在这个过程中，他发现了这个大瀑布，不幸的是，也正是在这次探险中，他的飞机失事坠毁，人们将这个瀑布命名为"安赫尔瀑布"，也是为了纪念他的这次探险。

尼亚加拉瀑布已经是举世闻名，而在安赫尔瀑布面前却只能是小巫见大巫，落差达到979.6米的安赫尔瀑布高度是尼亚加拉瀑布的18倍。这条瀑布分为两级，中间的结晶岩平台将整个瀑布分为上部的807米和下部的172米，最终丘伦河水从平顶高原奥扬特普伊山的陡壁落入山脚下那个152米宽的大水池当中，整个泻落的过程几乎都不触及陡崖，其壮观景象可想而知。

◆ 安赫尔瀑布

世界之最大百科

Part.01 第一章

走进世界上最长的洞穴

夜晚静坐在苍穹之下看繁星闪烁，这似乎是我们能够想象到的最富有诗意的场景了，如果我告诉你这是在洞穴里，或许你不会相信，但是在位于美国肯塔基州中部的猛犸洞国家公园，这个场景可以变成让人惊异的现实。

猛犸洞以世界上最长的洞穴著称，这个"巨无霸"洞穴正是以远古时代长毛巨象猛犸命名的，正是凭借着独特的自然景致和特点被列为世界自然遗产。

猛犸洞经过探险家们的不懈努力，截至2006年被探出的长度已经将近600千米，这里的每一处都镌刻着探险家们的血泪和汗水。

1799年，猛犸洞穴首次被发现。那是一个猎人追赶一只受伤的野熊，正是这次追逐让这个名叫罗伯特·霍钦的猎人成为发现猛犸洞的第一人。后来人们通过洞穴中发现的那些鹿皮鞋和简单的工具，还有一些用过的火把和干尸遗体等，判断出印第安人在很久之前就在这里居住过。

起初，猛犸洞穴并不是公共游览的场所。在1812年爆发的第二次英美战争时期，这里是开采制作火药的硝石矿场。直至战争结束，开矿被停止，人们才更深入地进入到这里，开始了解这座神秘的

◆ 猛犸洞

洞穴。

如果一定要问猛犸洞穴到底有多大，这将是一个目前没有办法回答的问题，或许"非常"两个字也不足以形容。洞穴内洞坑众多且历史悠久，并且还有探险家们不断探索出新的洞穴和新的通道，这样这座壮观华丽的迷宫也就一直被不断地扩展开来。

❖ 猛犸洞

1917年，探险家柯林斯所发现并以其名字命名的"弗洛伊德·柯林斯水晶洞"是洞穴的中心，从这个水晶洞向外拓展，至少连接着15个相似的水晶洞穴。在这些洞穴里，有着引人注目的流石、钙华、扇形石、石槽以及穹窿等，还有石膏晶体与溶蚀碳酸盐景观、水洼与逐渐消失的泉水、高耸的石柱、狭长的通道以及开阔的岩洞。这些景致的存在让猛犸洞成为一个美丽与神奇的综合体。如果你是一个徒步旅行者，在这个洞穴里，你绝对不

❖ 猛犸洞

世界之最大百科

会感觉狭窄和憋闷,你会感到像是在广阔的空间里徜徉。这里随处可见湖泊和峡谷、瀑布和小溪在身边成为一道道神秘的景致,你会为这样的美景感觉到不可思议,同时还会时刻在心里保留住一份对这个神秘洞穴的遐想。

猛犸洞目前对游客开放的是其中的16千米,我们前面说到的"满幕苍穹",就是这段洞穴中的一幕诗意得让人难以忘怀的景致。这座大厅因为顶部有含锰的黑色氧化物,许多雪白的石膏结晶点缀其上,从下面看上去似乎就是星光闪烁的天穹。而像这种奇特的地下大厅,在猛犸洞中有77座,其中形状略呈椭圆形,长163米、宽87米、高38米的"酋长殿"是最高的一座厅,想象一下数千人聚集于此的景象就可以让人觉得无比震撼。回音河是洞内最大的暗河,低于地表110米,宽6~36米,深1.5~6米,乘坐平底船游览着洞内奇秀的风光,欣赏着那些奇特的无眼鱼,这样的行程,更能让人感受到世界与自然的奇特。

> **知识小链接**
>
> 猛犸洞穴在距离美国肯塔基州鲍灵格林约80千米处,255座溶洞分五层机构组成,各部分相互连通,洞中有洞,犹如童话世界中永远无法找到尽头的迷宫,77个地下大厅、三条暗河、七道瀑布、多处地湖,总延伸长度近600千米,每一个数字都足以让我们为之震惊。谁也不知道洞的尽头是什么,而我们的探险家们,正在依靠着对这个神秘洞穴的向往试图去开启这座迷宫最深处的大门。

Part.01 第一章

探秘世界上最大的天坑

中国地大物博,地形多样,并且有很多世界之最,小寨天坑就是世界之最中的一个。那么,什么是天坑呢?

我们所说的天坑,实际上属于一种喀斯特地貌,这种地貌四周陡峭,呈现出一种漏斗的形状。坑口直径和坑深都在50～100米之间的被称为小型天坑,大于100米的则称为大型天坑。小寨天坑是全世界目前发现并确认的78个天坑之一。作为长江三峡成因的有力佐证,地处重庆奉节县城的小寨天坑还是构成地球第四纪演化史的重要例证。如果要寻找当今世界的洞穴奇观,这里无疑是不可错过的奇特景致之一。

从奉节县城一直走,直至距离县城91千米的兴隆区境内,我们就能够直接目睹到这一处世界之最的风采。这座围壁圆满、体量巨大的天坑,坑口地面标高1331米,深666.2米,坑口直径622米,坑底直径522米,总容积11 934.8万立方米,这一连串的数字无一不彰显着其世界之最的风采。

说到小寨天坑的形成,我们不能不提的是一条叫作"撒谷溪"的河流,这条河从海拔2000米左右的高山河谷中流下来,长年累月的冲积溶蚀是天坑形成的主要原因。另外这条河还割裂出了一条世界罕见

❖ 天坑

的地缝——天井峡，由峡谷、消水洞和地下河构成的地缝宽度约 37 千米，全长则有 14 千米。整个地缝被分为 8 千米和 6 千米的上下两段，上段从兴隆场大象山至迟谷槽，这里的"一线天"峡谷景观引人入胜，山崖则如同被刀切开一样，直立于地缝两侧。下段由天坑至迷宫峡，整个都是一条暗洞，这条暗洞于 1994 年 8 月被英国洞穴探险家们探通。天坑内暗洞众多，秘洞复杂，没有人能说清楚这里到底有多少奇峰峻岭，也没有人知道这里有多少种珍奇的动植物。各国的探险家们不断地向这片神秘的洞穴挺进，在这

❖ 天坑岩洞

里发现了很多珍稀动植物和古生物化石，其中"巫山猿人"化石更是名震中外。

"世界上第一流的魔幻式洞穴群"，这是众多的中外探险家和科学家们对这个神秘天坑给出的评价，也正是因为它的神秘，吸引着更多的人不断地探索。

❖ 天坑底部

"干谷"或"盲谷"是地理学上对地缝的称法，成因则是因为在石灰岩地区，河水流经时，会被河床上的漏斗和落水洞全部截入地下，这样河床就会干涸，所以称之为"干谷"；而有一些河流则因为流入了溶洞中而形成没有出口的河谷，就被称为"盲谷"。

在小寨天坑我们能看到这样一幅大自然泼洒出的恢弘的画面，而这幅色彩丰富的画面正是由巨大的小寨天坑绝壁上的岩纹绘制而成，红、黄、黑相间的奇特色彩，加上岩缝中飞翔、鸣叫、觅食的飞禽所增添的生机，整幅画面越发生动和富有生气。

> **知识小链接**
>
> 小寨天坑自20世纪末被发现，它的成因却众说纷纭，随着科学界不断的探索，后来人们否认了天坑是数亿年前陨星撞击地球所成的说法，取而代之的是一种地陷形成说，也就是认为，小寨天坑是由地下暗河冲击碳酸盐岩层而引起岩层塌陷而形成的地质变化，这种说法的提出以中外地质学家的实地考证为依据，逐渐得到大家的认可并统领了整个学术界。

世界之最大百科

Part.01 第一章

世界上最大的珊瑚礁——大堡礁

如果你要去澳大利亚，那你一定不要错过大堡礁。这片沿澳大利亚东北海岸线绵延2000余千米、东西宽20～240千米的海域因为珊瑚礁的存在而被赋予了传奇的色彩。

大堡礁作为世界最大的珊瑚礁区，位于澳大利亚的昆士兰州以东，巴布亚湾与南回归线之间的热带海域，太平洋珊瑚海西部，绵延于澳大利亚东北海岸外的大陆架上，北面从托雷斯海峡起，向南直到弗雷泽岛附近。

3000个不同阶段的珊瑚礁、珊瑚岛、沙洲和泻湖构成了这个有着"世界珊瑚礁之最"之称的珊瑚礁区。如果想要看世界上最美、规模最大的珊瑚礁群，那一定要到大堡礁，这里的珊瑚礁群总面积达到20.7万平方千米，北部宽16～20千米，呈链状排列；南部具有240千米宽的散布面积。长达2000余千米的大堡礁自北部的托雷海峡起，一直绵延至南部的弗雷泽岛附近。

海水涨潮时，将大部分的岛礁淹没，只有600多个岛礁隐约可见，这时候的大堡礁似乎并没有什么特别，而等

知识小链接

以珊瑚闻名的大堡礁，共有350多种形状、大小、颜色都有着巨大区别的珊瑚，这些珊瑚形态各异，呈现出扇形、半球形、鹿角形、鞭形、树木和花朵状等，它们有的非常微小，有的又可以达到2米多宽。正是这些千姿百态的珊瑚吸引着一批又一批的游客在这里停留，人们不仅能够在这里欣赏到美丽的珊瑚，同时这里秀美的水域环境也给人以美的享受。那些绚丽多彩的水域中生长着的淡粉红、深玫瑰红、鲜黄、蓝色、绿色等鲜艳异常的珊瑚，让人们心生爱惜，流连忘返。

到退潮时，就会有大约 8 万千米的礁体从水面露出，这时候色彩缤纷、形态多样的世界奇观就会呈现在眼前。

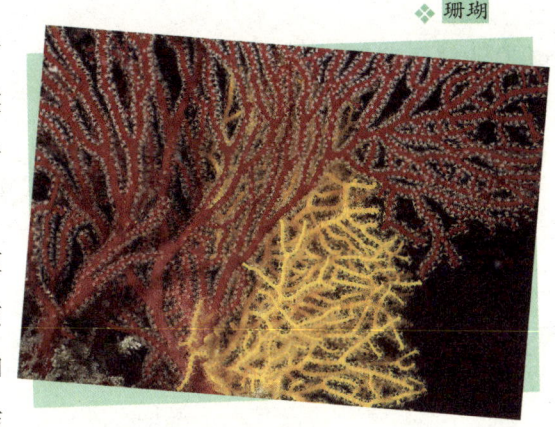
❖ 珊瑚

珊瑚礁的形成凝结着无数珊瑚虫的生命。珊瑚虫的钙质硬壳与碎片堆积，在珊瑚藻和群虫等生物遗体的作用下胶结在一起，经过数百万年的积淀，形成了如今色彩斑斓的珊瑚礁。

没有人能不为这种庞大和秀美的工程感叹，但是更让人感叹的则是建筑这个庞大工程的"建筑师"——那些直径只有几毫米的腔肠动物——珊瑚虫。珊瑚虫对水质要求很高，只有在洁净、透明度很高的水域它们才可以生存，并且要求生存的水域全年的水温都要保持在 22～28℃。而当地的水域正好具备这些条件，这就给珊瑚虫的繁衍生殖提供了更大的方便。以群体生活为生活方式，以浮游生物作为食物的珊瑚虫，有着玲珑的体态和美丽的颜色，还能分泌出石灰质骨骼。它们长期在这片水域中生存，新老珊瑚虫经历着死亡、发育、繁殖这样循环往复的过程，如同树木抽枝发芽一般，在那些死亡的珊瑚虫的遗骸上向上或向两旁发展，慢慢形成了我们现在看到的那些漂亮的珊瑚礁体。这个过程不是一蹴而就的，而是缓慢而漫长的，礁体每年不过增厚 3～4 厘米，而这还要求必须是在最好的繁殖条件下。而目前有的礁岩厚度已达数百米，看到这几个数字，你就可以想象出这是一个怎样的过程了。

Part.01 第一章

发掘世界上最长的暗河

> 大家对于河流并不陌生,宽旷的河床,涓涓的流水……但是我们大家对于"暗河"的概念是否熟悉呢?

暗河,指的是我们不能轻易看到的河流,它们在地面以下或安静或澎湃地流淌,这些河流主要是依靠地下水汇集在一起形成,大量的地表水渗入地下也可以汇集成为暗河,岩石遭遇水流长年累月的冲刷溶蚀,造成坍塌,逐渐形成了地下河道。

1995年,中法联合探险队将位于恩施板桥镇与重庆市奉节县兴隆镇境内的龙桥暗河探测,列为重大科考课题,并进驻龙桥河畔安营扎寨,对暗河进行探险考察。随后在1997年、1999年和2001年,探险队连续3次进入龙桥暗河,探寻暗河出口,均无功而返。

2004年7月29日,中法探险队第五次深入龙桥暗河,经12天的艰苦探险,在暗河入口处投放颜料,运用GPS卫星定位仪和示踪试验,终于在板桥发现了暗河出口,从而准确地测出暗河

❖ 暗河流经地方的瀑布

长 50 千米，比过去公认的最长暗河——地苏暗河系统（位于广西壮族自治区东安县境内）还要长 10 多千米。龙桥暗河是一条典型的复杂多变的完整暗河，可以说是目前中国经人工实测过的最长的暗河。

◆ 暗河

2004 年 9 月 25 日，中法英意美等国洞穴专家在英国伦敦召开国际洞穴研讨会。与会的中法探险队宣布：在湖北恩施板桥镇与重庆兴隆镇交界处，发现世界最长地下暗河，其出口位于清江沐抚大峡谷板桥境内。

10 年来，龙桥暗河探险创造了多项洞穴考察之"最"：发现了与地表相通的竖井最多（据说多达 108 个）、主干最长、体系最复杂的地下暗河；在 2004 年那次的探险考察中，法国还专门邀请了两名洞穴生物专家一起入洞探险，在暗河中发现了不少奇特变异的生物，其中 12 种生物至今在教科书上还没有记载。

知识小链接

暗河流淌在地下，那我们想象一下，是不是水流量多的时候河流水量就能更充裕，而相反这些暗河就会出现中断或者"无疾而终"的情况呢？经过科学探索人员的不断努力，他们发现暗河其实也有自己的补给、径流和排泄系统，这样整条河流就能够具备很大的水流量，为整个岩溶区域提供出必需的水源。

Part.01 第一章

行走在世界上最大的沙漠

"四蹄腾空，奔腾中似乎就要飞起来，似乎是因为受到惊吓而到处狂奔……鸵鸟、水牛等各式各样的动物还有各种栩栩如生的人物形象……"看到这些精湛的创作技艺，亲爱的读者朋友你想到了什么？

你此刻是否能够将这些富有艺术精髓的绮丽多姿的大型壁画，和气候炎热干燥，极端干旱缺水、土地龟裂、植物稀少的沙漠联系在一起呢？这些，确实出现在沙漠当中，这是一片刻于岩阴上的壁画群，于1933年被来到这里的法国骑兵们发现，直至今天，仍旧没有人能够解释得清，壁画上划着独木舟捕猎河马的场景从何而来，也没有人能够对壁画中那些奇怪形状的形象做出合理的想象。循着历史的长河向前，

撒哈拉沙漠沿途的奇特景色

知识小链接

撒哈拉沙漠约形成于 250 万年前,是世界第一大荒漠,仅次于南极洲,是世界最大的沙质荒漠。它位于非洲北部,气候条件非常恶劣,是地球上最不适合生物生存的地方之一。其总面积约容得下整个美国本土。"撒哈拉"是阿拉伯语的音译,源自当地游牧民族图阿雷格人的语言,原意即为"大荒漠"。

我们猜测,在这片一望无际的沙漠里曾有过水流不绝的江河,有过我们无法感知的人类文明。而这一切,也只能成为我们的猜测。

今天我们看到的,是一片荒无人烟的,也是世界上最大的沙漠——撒哈拉沙漠。撒哈拉大沙漠位于阿特拉斯山脉和地中海以南(约北纬35°线)以北,自西起自大西洋海岸,一直向东到达红海之滨。东西约长 4800 千米,南北在 1300～1900 千米之间,总面积约 906.5 万平方千米,这里几乎可以装下整个美国。正是沙漠中恶劣的气候条件让几乎所有的生物都无法在这里生存。

❖ 撒哈拉沙漠中行走的驼队

◆ 撒哈拉沙漠的沙丘

世界之最大百科

"撒哈拉"是阿拉伯语,引于当地游牧民族图阿雷格人的语言,其实也是"沙漠"的意思。读者朋友们,你们是否可以想象出 250 万年前这片沙漠形成时的情况呢?这大概真的需要费一些脑筋。

撒哈拉沙漠把非洲分割成北非和南部的黑非洲两部分,南部是半干旱的热带稀树草原,而再向南则是阿拉伯语中称为"苏丹"的黑非洲,这里与北部的气候和文化截然不同,有着充沛的雨水和繁茂的植物资源。

在广阔的沙漠当中,地广人稀,走出去一千米也不一定能够看到一个人。这里生活着阿拉伯人和柏柏尔人,这些人主要聚居在尼罗河谷地和沙漠中的绿洲,他们在这里进行着必要的农业生产,还有一部分以游牧为主。

想到沙漠,我们能想到的似乎就是干渴和贫穷,其实从 20 世纪 50 年代以来,沙漠地区的一些国家凭借着当地丰富的石油、天然气、铀、铁、锰、磷酸盐等资源逐渐改变了本地区的经济面貌,著名的产油国尼日尔就是一个典型代表。与此同时,公路网、航空线和新的居民点也在沙漠中出现。

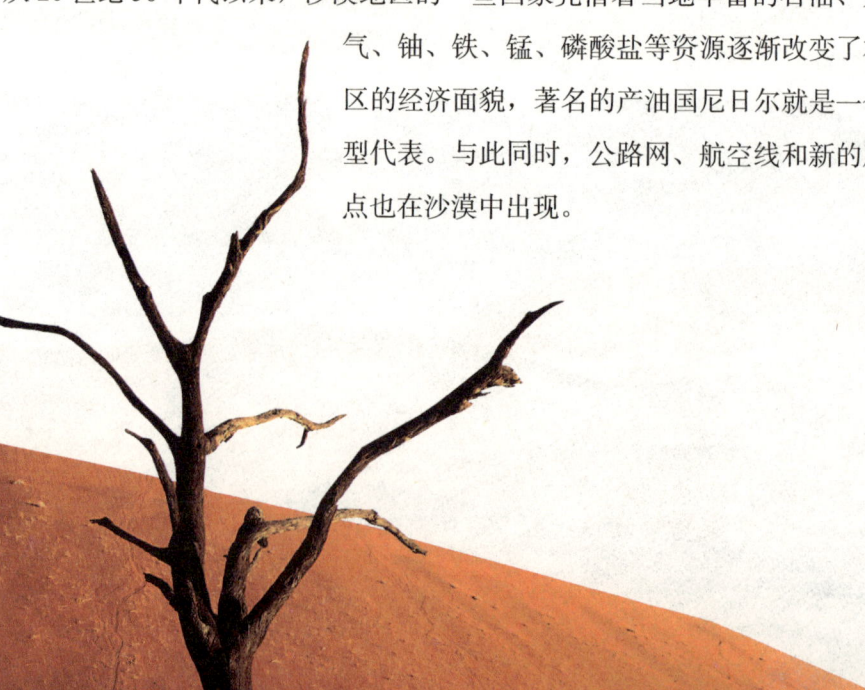

❖ 撒哈拉沙漠上的鸵鸟

Part.01 第一章

最大的金字塔

金字塔是古埃及文明的代表作,是埃及国家的象征,是埃及人民的骄傲。胡夫金字塔是埃及最大的金字塔。

知识小链接

埃及金字塔是古代埃及奴隶社会时期的方锥形帝王陵墓。金字塔数量众多,分布广泛。开罗西南尼罗河西古城孟菲斯一带最为集中。埃及共发现金字塔96座,作为人造建筑的世界奇迹,胡夫金字塔是目前世界上发现的最大金字塔。

在埃及境内已发现的110座金字塔中,吉萨高地的祖孙三代金字塔——胡夫金字塔、海夫拉金字塔和门卡乌拉金字塔是最古老的金字塔。而胡夫金字塔是埃及现存规模最大的金字塔,被称为"世界古代七大奇迹"之一。

胡夫大金字塔的4个斜面正对东、南、西、北四方,误差不超过圆弧的3分,底边原长230米,由于塔外层石灰石脱落,现在底边减短为227米,倾角为51°52′。塔原高146.59米,因顶端剥落,现

❖ 狮身人面像

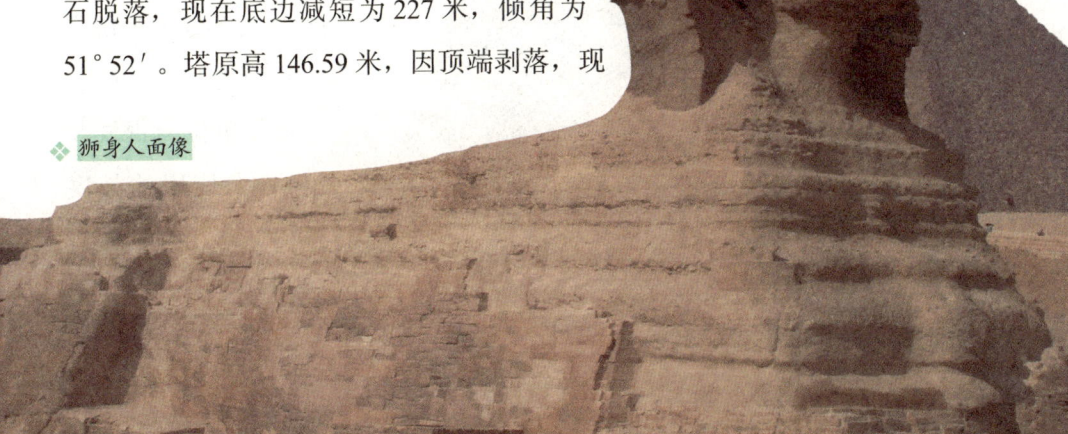

第一章 地理大百科

世界之最大百科

❖ 胡夫金字塔

高 136.5 米，相当于一座 40 层的摩天大楼，塔底面呈正方形。整个金字塔建筑在一块巨大的凸形岩石上，占地 529 000 平方米左右，体积在 260 万平方米左右，它的四边正对的方向是东南西北。

英国有一位天文学和数学的业余爱好者泰勒，他研究发现胡夫金字塔令人难以置信地包含着许多数学上的原理。

他首先注意到胡夫大金字塔底角不是 60°，而是 51°51'，从而发现每壁三角形的面积等于其高度的平方。另外，塔高与塔基周长的比就是地球半径与周长之比，因而，用塔高来除底边的 2 倍，即可求得圆周率。泰勒认为这个比例绝不是偶然的，它证明了古埃及人已经知道地球是圆形的，还知道地球半径与周长之比。

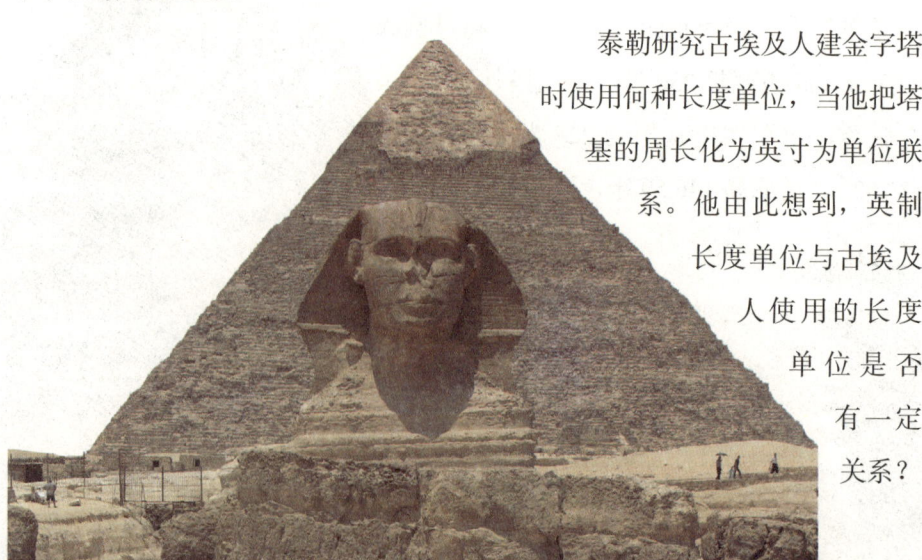

泰勒研究古埃及人建金字塔时使用何种长度单位，当他把塔基的周长化为英寸为单位联系。他由此想到，英制长度单位与古埃及人使用的长度单位是否有一定关系？

Part.01 第一章

游弋于世界上**最淡的海**

说到大海,我们首先想到的是波澜壮阔,继而联想到的是成群结队的渔船和商船在茫茫海上航行。我们都知道,出海要带上足够的淡水,因为含盐量极高的海水是不能够饮用的。那么读者朋友们,你们知道在世界上哪片海盐度最低吗?

❖ 波罗的海

作为世界上最大的半咸水水域,波罗的海的海水盐度最低。这片海域在冰河时代结束时只是一片被冰水淹没的最低位的谷地,后来冰川渐渐向北退去,这里就形成了波罗的海。正是因为其形成的时间不长,本来就拥有较好的水质;再加上整个波罗的海海区比较闭塞,外海盐度高的海水通向这里的通道又浅又窄,这样就不容易进入;再者这里湿润多雨的气候和较低的气温也促使波罗的海周围包括维斯瓦河、涅曼河、奥得河、西德维纳河和涅瓦河等大小250条河流每年都以充足的水量注入,且在注入后不易蒸发。如果一定要用明确的数字来表示,根据我们的测算,这里年平均河川径流量为437立方千米,而波罗的海本身的

> **知识小链接**
> 波罗的海因为不断接受着四周河流注入进来的大量淡水,加之气候寒冷蒸发量很少,所以海水含盐量低也就成为可以理解的一个现实。根据相关资料记载,这里海面的最高含盐量为10‰,海底到达15‰。

第一章 地理大百科

波罗的海

积水面积只是这个数字的1/4。正因为这些周边因素的存在,波罗的海的海水含盐度远远低于全世界海水平均含盐度(3.5%),只有0.7%～0.8%。

波罗的海是北冰洋的边缘海、欧洲北部的内海、大西洋的属海。

整个海区有1600多千米长,平均宽度190千米,面积42万平方千米。这片海域有我国的五个渤海面积大,但是这里属于浅海,海水的平均深度只有55米。另外波罗的海整个海面被瑞典、俄罗斯、德国、丹麦、波兰、爱沙尼亚、芬兰、拉脱维亚、立陶宛9个国家的陆地所环抱,向东延伸至芬兰湾,向北到波的尼亚湾。

那么,波罗的海的海水含盐度是一成不变的吗?不是的,在含盐度较高的北海的海水流入增加时,深层的海水含盐度就会增高,可以达到20%。

海洋

想到大海,我们可能不太容易想到冰封海面的场景,而在波罗的海海域,结冰却是很容易发生的现象。一般从11月初起,北部和东部海域就开始出现冰冻。一般情况下,这种冰冻不会覆盖整个海区,只在各个海湾中出现,但是如果是特别严寒的情况,冰封所有海区的现象也会出现,这期间就会对航海出行非常不利,海上运输面临着巨大的危险和困难。在波罗的海海域,冰封期是困扰着海航运输的一个难题,每年的特定时期,海面结冰,平均厚度达到 65 厘米，南部通常是不结冻的，冰封期最短的波兰、德国沿岸大约也要有 30～40 天，里加湾大概为 80～90 天，中部的芬兰湾和斯德哥尔摩附近大约为 185 天，波的尼亚湾冰封期最长，能够达到 210 天。

❖ 波罗的海

相信更多的人没有见过海上积冰，如果你想目睹一下那高达 15 米的积冰，可以到波的尼亚湾底部和芬兰海岸，而在奥兰群岛和芬兰湾东段，形成的浮冰厚达 91 厘米。有船只从这里经过时只能在冰冻的海面上开凿出一片水道后才能缓慢前行。

Part.01 第一章

世界上**最浅的海**是什么

"平均深度8米,最深处14米",当你看到这两个数字的时候你会想到什么?不知道你能不能把这两个数字和一望不见边际的大海联系在一起呢?

事实上,这两个数字确实是海水的深度,而这里的海正是世界上最浅的海——亚速海。

亚速海位于克里米亚半岛、乌克兰和俄罗斯之间,它是一个陆间海,海水终年为灰黄色。这片海通过刻赤海峡与黑海相连并形成黑海的延伸。这片长约340千米,宽135千米,面积约37 600平方千米的海域,有一个叫塔干罗格湾(Taganrog)的海区,当你走近这里,你会发现,对大海的印象完全因此而颠覆,因为这里的水深还不足一米。也许你会因此而惊异,这真的是海吗?事实是你完全不用怀疑,因为我们不该忘记这里是世界上最浅的海。

属于温带大陆性气候的亚速海区域,气温就像一个顽皮的孩子,

◆ 亚速海

时而温和，时而严寒，雾在这里经常可以看到。如果整个亚速海是一个旋转的钟表，那么我们可以看到这里呈逆时针方向沿海岸环流的海流。如果不出现什么意外情况，每年的 12 月到下一年的 3 月沿北岸的海面会出现冰冻。由于每年以顿河和库班河为主的河流注入量的不同，亚速海的年平均水平面差别可以达到 33 厘米。

亚速海形成在 1600 万年前的中新世，原本是一个大盆地的一部分。经过很长一段时间，它经历过好几次与里海和地中海的连而复分，分又复连，一直到 250 万年前的第四纪时，现在的亚速海才基本上定型。亚速海有着温和的大陆型气候。在 1～2 月，这里的平均温度，南部达到约 -1℃，北部为 -6℃；到了 7 月的平均温度 24℃，而最高能达到 40℃左右。每年大约有 40 立方千米的淡水由河流流入亚速海，每年的降雨量 13 立方千米，每年蒸发的水量 34 立方千米，多余的 19 立方千米则通过刻赤海峡流入黑海。正是因为每年有着大量的淡水加入，海水盐分一般只能达到 10‰左右。每年 11～12 月这里的海水开始结冰，人们会采用破冰船来助航。3～4 月开始解冻。海流以反时针方向旋转，每秒钟移动 25～30 厘米。

> **知识小链接**
>
> 这片世界上最浅的海里生存着丰厚的海洋生物，有 300 多种无脊椎动物，鱼类有 80 余种，包括鲟、鲈、鲱、米诺鱼、鲂鮄、欧鳊、鲻、欧拟鲤和鮰等。沙丁鱼和鳀鱼也特别多。太浅的海水确实对大型远洋行业的发展有一定的影响，但是亚速海的货运量和客运量并没有因此而减少太多，这里有塔甘罗格、马里乌波尔、叶伊斯克和别尔江斯克等主要港口。

❖ 亚速海上的轮船

世界之最大百科

Part.01 第一章

神秘的世界上**最透明**的海

> 马尾藻海是地球上最透明的海,这片水域的海水能见度非常之高,能将海底的一切尽收眼底,让我们一起来见识一下它的浩瀚吧!

亲爱的读者朋友们,现在我们来做一个小小的试验吧!把一张照片底片放在1000余米的海水深处,大家觉得底片还能够感光吗?

答案是肯定的。也许你会觉得有些不可思议,那么深的海水之下怎么可能发生这样的情况?但事实就是这样,它就发生在大西洋北部百慕大群岛附近的马尾藻海。

马尾藻海曾经被哥伦布称为"萨加索海"。之所以有这样的名称,是因为哥伦布带领的探险队曾经于这片海洋中"死里逃生"。事情发生在1492年9月16日,貌似"草原"的海面让哥伦布的探险队员们一度兴奋和欣喜,以为找到了日夜寻找的陆地。而事实却令他们很失望,这片"草原"实际上是一片长满海藻、表面风平浪静但实际埋藏着极度危险的汪洋。哥伦布亲自上阵来开辟航道,凭借着丰富的航海经验,历经了三个星期的努力才逃出这片可怕的海域。

关于这片海洋的记载,据说从2000多年前就有大科学家亚里士多德提到过的"大洋上的草地"之说。

> **知识小链接**
>
> 在大西洋副热带高压中心就是这片面积达645万平方千米、平均深度为4500米以上的马尾藻海区。西、北为墨西哥湾暖流,东为加那利寒流,南为北赤道暖流,沿着高压中心的边缘形成一个顺时针大洋环流,这就是它的"海岸"。马尾藻海还有一个奇特之处,那就是这里的海平面虽然比美国大西洋沿岸高出大约1.2米,可是,这里的水却流不出去。

◆ 海藻

　　几条顺时针方向奔流的海流将整个马尾藻海包围，这样位于中间的海面就比较稳定，加之这里的马尾藻在不断地繁殖和茂盛地生长着，几尺厚的海藻铺就整个海面，海风吹过的时候，海草也随着海浪起伏，这样就出现了我们前面说到的海上草原的别致景象。

　　马尾藻海，是世界上最清澈最透明的海，这是任何人都不能否认的，这里的海，透明度能够达到66.5米，有的区域甚至能达到72米，在海面上就可以将海底的一切尽收眼底，这将给人一种怎样的惊异和震撼？

　　但是，现实中的马尾藻海并不是我们想象的那般风光旖旎，让人流连忘返，这片表面平静祥和的"草原"海域，却被航海家们称为"海上荒漠""船只坟墓"。百慕大"魔鬼三角区"，无故失踪的飞机和海船，都给这片海域增添了一份神秘的色彩。这片表面祥和的海洋，空旷而死寂，除了偶尔出

◆ 海藻

世界之最大百科

现的海龟和鲸鱼,人们不可能从这里再捞到任何能够食用的鱼类,人们能看到的只有那些单细胞的却有着极强生命力的水藻。这些水藻时而浮于海面,又会在某个时候突然从海面消失,这就更让那些关于此地的传说显得更为神秘和真实。

那么后来有没有人打破这种"死亡的宁静"呢?有!经过海洋学家和气象学家的研究,终于找出了这片海域异常宁静和船只到了这里就被困甚至失踪的原因——因为这片海域处于四个大洋流的包围,西面的湾流、北面的北大西洋暖流、东面的加那利寒流和南面的北赤道暖流相互作用,这样整个海就会以顺时针的方向流动,而这种流动是极其缓慢的,所以看起来整个海域是超乎寻常的"平静"。而这种平静却是把那些船只推向"死亡之地"的推手,因为古老的船只没有海洋风和洋流的助动,自然就会踟蹰不前。这样的考证结果为马尾藻海中的海藻脱去了有关"死亡魔藻"的罪名。但是关于这片世界上最透明却最神秘的海域的传说仍旧在继续流传。

Part.01 第一章

世界上**最大的**群岛"家族"

> 在世界上,有这样的一个家族,它有大大小小共两万个以上的"家族成员",总面积达255万平方千米,"岛丁"兴旺。这个家族就是世界上最大的群岛——马来群岛。

马来群岛又被称为东南亚岛屿区,也叫作南洋群岛,这个群岛的总陆地面积为2 475 249平方千米,整个岛屿区沿着赤道延伸出6100千米,南北最大的宽度为3500千米,它的面积大约为世界所有岛屿面积的五分之一。以大巽他群岛、小巽他群岛、巴布亚、摩鹿加等为主的印度尼西亚17 000多个岛屿,和以民答那峨、吕宋、米沙鄢群岛为主的菲律宾约7000个岛屿组成了整个马来群岛,另外马来西亚、文莱、巴布亚新几内亚也是该群岛的重要组成部分。在这两万多个岛屿当中,只有大约五分之一的岛屿有名字,多数岛屿没有人居住,所以我们叫不出那些岛屿的名字,但即便这样,我们仍然可以确定,马来群岛凭借它的岛屿数目和面积在世界上处于独占鳌头的位置,其他岛屿也只能望而兴叹了。

马来群岛上的马尼拉和雅加达位居世界大城市之列。岛上的居民多为南岛语系的民族,操南岛语系的语言,他们多数人以伊斯兰教作为自己的信仰,也有一些人

知识小链接

马来群岛因为纬度较低,气候炎热多雨,而周围多为肥沃的火山土壤,这些适宜的环境都能够很好地促进热带经济作物的生长。所以这里成为世界热带经济作物的主要产区。水稻、玉蜀黍、甘薯或木薯成为岛上农村居民耕种的主要作物,而像橡胶、烟叶、椰干、糖、胡椒、肉豆蔻、奎宁、西谷米、木棉、马尼拉麻等则作为经济作物进行种植。

❖ 马来群岛

信奉佛教。爪哇岛以马来人为主要民族，这里人口超过三亿，是马来群岛中人口密度最高的岛屿。

爪哇的居民属于蒙古人种的海洋支系（或南方支系）。岛上住有 3 个主要的种族集团，即占优势的爪哇人、巽他人和马都拉人，还有两个较小的种族集团：滕格尔人和巴杜伊人。爪哇人占爪哇岛人口的近 70%，主要住在岛的中部和东部。巽他人主要住在西部，马都拉人住在爪哇东部和马都拉岛。这 3 个主要的种族集团都讲马来语，绝大多数人是穆斯林。另外还有 200 万 ~300 万华人。

岛上平均每平方千米 770 人。爪哇岛的面积仅为全国土地的 7%，而其人口占印度尼西亚人口的大多数。爪哇的人口成长率一直很高；1815 年人口约 500 万，20 世纪初则增长到约 1 亿人。绝大部分人口仍在农村，但爪哇的城市已迅速增长。主要城市是雅加达、万隆 (Bandung)、三宝垄 (Semarang)、泗水 (Surabaya)、苏拉卡尔塔（梭罗）和日惹。在中南平原和北部平原地区，农村人口密度最高。

Part.01 第一章
放眼世界最大的咸水湖

读者朋友们，请你现在闭上眼睛想象一下，自己大脑里能够映现出来的湖水应该是什么样子的？波光粼粼随风起伏的水面，还是从湖这岸能够看到对岸风光，水上漂游着叶叶扁舟？

如果我现在告诉你，我要说的这个湖泊长度为1200千米，而宽度大约为320千米，你还能想象出来它的样子吗？对，这就是世界上最大的咸水湖——里海。

位于欧亚大陆之间的里海，西岸属于俄罗斯，在这里因为生存着一个叫卡斯比的古老部落，所以也被称为卡斯比海。里海的得名其实和中国杭州西湖一样，是依据它所具有的地理特征而来的，因为其处于内陆地区，不和大洋相连接。里海的东岸和北岸属于哈萨克斯坦，南岸属于伊朗。

作为世界上最大的湖泊，有伏尔加河、乌拉尔河等在内的大小130多条河流的河水注入里海。虽为湖泊，里海却是属于"海迹湖"，这里的生态系统和海洋极其相似，具备了海洋生物生长的有利条件，同时这里的海运业也很发达。

❖ 航拍里海

世界之最大百科

◆ 咸水湖

提到"河水逆流计划",我们大家一定能够想象得到,肯定是哪里的水位下降,水资源缺乏了。其实在20世纪70年代末期,苏联为了应对里海水位的下降,就提出过这样的一个计划。但是最终因为一些学者的反对而夭折。当初,因为里海所处位置属于欧亚大陆的干燥地带,海平面因为激烈的蒸发而不断下降,面积也持续地缩小,在1929～1970年间,里海的面积从42.2万平方千米缩小到37.1万平方千米,水位也不断降低,甚至低于大洋平面28.5米,在这样的情况下,提出"河水逆流计划"似乎就变得无可厚非。

但是在1990年,人们开始为海面莫名其妙的上升而头疼,这给周围海区人民所带来的灾难。因为海水水位比之前高出两米多,因此造成的土地减少困扰着西北部的阿斯特拉罕州。阿斯特拉罕州大约有100万的人口,本来水位每年呈现出均衡地上升,但是在1994年却超过了40厘米,而且越来越严重。这样,《鲁滨孙漂流记》中的"水上生活"就在这里上演。鱼子酱的生产基地伊朗拉什特原本位于里海的南岸,而现如今也因为水位上升成了又一个"水上威尼斯"。

知识小链接

里海周边的居民在这里开采油田并进行石油的精炼加工,舍甫琴科还开拓了铀矿开采在内的原子能电站等,里海沿海的经济因此获得很大的发展,但是这些都发生在第二次世界大战后其水位下降时期,后来里海水位的上升使其受到很大的影响。至于里海水位上升的原因我们至今不得而知,阿斯特拉罕市水文水利研究所所长玛丽娅·米罗耶德娃女士推测说气象条件的变化或地壳构造的变动,海陆和大气的相互作用等或许可以成为促其形成的一个主要原因。

第二章
国家大探秘

世界处处皆学问,同样,世界上大大小小的国家也无不有着许多鲜为人知的秘密。关于国家的世界之最你又知道多少?下面我们就带着你去探秘世界上各式各样的国家。

Part.02 第二章

哪个国家领土最大

如果你到了一个国家,而这里的人用面包加盐的方式来迎接你,千万不要认为自己在这里受到了怠慢,因为在这里,他们只把这种方式用于迎接贵宾。那么,你知道这是哪个国家吗?

这就是俄罗斯,一个领土最大并有着独特风情的国家。位于欧洲东部和亚洲大陆的北部的俄罗斯幅员辽阔,陆地邻国有挪威、芬兰、爱沙尼亚、拉脱维亚、立陶宛、波兰、白俄罗斯、乌克兰、格鲁吉亚、阿塞拜疆、哈萨克斯坦,东南面则与中国、蒙古和朝鲜相邻,而和日本与美国则是隔海相望,整条海岸线长度达到37 653千米。这里的春秋季节很短,夏季凉爽但短促,而严寒的冬季却持续很长时间,这与俄罗斯所处的地域和气候带有关,因为其属于温带和亚寒带大陆性气候。

俄罗斯的总面积达到1707.54万平方千米,占整个地球陆地面积的11.4%;东西最长为9000千米,横跨了11个时区;而南北最宽达到4000千米,跨越4个气候带。

俄罗斯有193个民族,其中以俄罗斯族为主,约占俄罗斯总人口的77%,截止到2015年4月1日,整个

◆ 俄罗斯地图

第二章 国家大探秘

▲ 俄罗斯的克里姆林宫

国家的总人口达到 1.431 亿，但是它的人口却以世界上最快的速度减少。仅在 2002 到 2010 年就达到 1.6% 的降幅，人口减少了 230 万，以此来推算，到 2030 年，俄罗斯的人口将降至 1.39 亿。

俄罗斯最大的城市是莫斯科，俄罗斯联邦首都。莫斯科是全俄最大的城市和经济、文化、金融、交通中心。莫斯科也是独联体最大的商业中心，俄罗斯最大的商业和金融业办事机构都设在这里。为俄罗斯最大的综合性城市。是世界著名古城，国际化大都市，全球性国际化大都市，也是世界最大的城市之一。

俄罗斯特有的仪式和风情之一是面包加盐迎接贵宾的方式。因为在古俄罗斯盐奇缺的情况下，用这种方式才能显示出宾客的尊贵。而放置面包的托盘此刻会铺上有着精致刺绣的方巾，尊贵的客人在接受这种迎接仪式的时候也应该注意礼仪，应该先对面包示以亲吻，然后掰一小块，撒上点儿盐，品尝一下，这样才能表现出对当地人的尊重和感谢。如果你有幸在俄罗斯享受到这种待遇，记得一定要注意自己的礼仪哦！

知识小链接

俄罗斯有一种彩色的木质套娃，穿着民族服装的木质俄罗斯姑娘被绘制得惟妙惟肖，鲜艳的花头巾，金色的头发，红扑扑的脸蛋上镶嵌着俏皮可爱的大眼睛。这些木质娃娃可以从腰部打开，一层一层连续套至十几层，最里面的娃娃有的可能才如同黄豆般大小，但是表情却同样丰富，栩栩如生，这种套娃俄语称其为"玛特廖什卡"。

弹丸之地——领土最小的国家

Part.02 第二章

世界之最大百科

面积0.44平方千米，总共有1380人，常住人口只有540人，看到这些数字，你的头脑中会形成一个怎样的概念？你觉得这是一所学校？一个村子？或者更大一点儿，是一个乡镇？

我现在要告诉你的是，你都猜错了，我所说的是一个国家。这就是世界上最小的梵蒂冈城国，别看它这么小，而且是一个四面都和意大利接壤的"国中国"，但是它却是一个主权国家。

这个位处于意大利首都罗马城西北角的梵蒂冈高地上，呈现亚热带地中海型气候的弹丸之国，不仅在地理位置、国家面积等方面让我们为之震惊，它本身所具有的文化也让更多的人为之感叹。这个国家，拥有着许多世界上珍贵的作品，蕴含着伟大的文化底蕴。

> **知识小链接**
> 《拉特朗条约》的签订是梵蒂冈成为主权国家的一个标志性起点，这个条约是意大利墨索里尼政府同教宗庇护十一世在1929年2月11日签订的。至此，梵蒂冈城国成为一个主权归属教皇、国土永远神圣不可侵犯的独立的城市国家。

说到教皇，大家可能都没有去做过细致了解。因为梵蒂冈政教合一的国家性质，作为国家首脑的教皇在这里就具有至高无上的威严和权力，整个国家的最高

❖ 梵蒂冈城国

立法、司法、行政权都由他掌握，这样他也就自然而然地成为这个国家的首脑。教皇是世界所有天主教徒的精神领袖，因为任职为终身制，所以教皇的选举也同样神圣而庄严，必须得到2/3以上的选票信任教皇才能够当选。

教会史上有一个关于"丕平献土"的记录，记叙的是在公元756年，罗马城及其周围的区域被法兰克王国国王丕平送给了教皇，而这片区域在后来则成为西欧教会和政治生活的中心。

到了19世纪，意大利的统一战争爆发，最终以意大利王国的军队顺利进入罗马城而获得胜利，此刻的教皇只能退居到罗马城西北角的梵蒂冈宫中。这样教皇不仅失去了自己的首府，而且在权力和管理上也都开始处于没落的位置。新的意大利王国也为自己埋下了一个隐患，那就是此后历代的教宗都敌视它，甚至不允许自己的信徒在意大利王国参与公职。

❖ 梵蒂冈城博物馆

❖ 繁华的梵蒂冈城

Part.02 第二章

馨香的玫瑰之国

相信每一位读者朋友都无法拒绝玫瑰的馨香所带来的诱惑，想象一下寻着这馨香而去找到那盛开的大片的玫瑰，视野里是玫瑰的花海，嗅觉里是玫瑰的香气……

◆ 黄玫瑰

此刻大脑里是所有关于幸福、浪漫的冲击，这恐怕是我们能够想象的关于玫瑰的最美的感觉，但是如果你想邂逅一次真正的花香和浪漫，就一定要去一个地方，这里绝对会给你更新的体验，这就是以盛产玫瑰而闻名于世的玫瑰之国——保加利亚。

保加利亚面积11万多平方千米，人口近900万，它位于巴尔干半岛东北部，东侧与黑海濒临，西侧和南斯拉夫、马其顿相连，南边与土耳其和希腊接壤。在这样一个小巧玲珑的国家当中，横贯整个国家的巴尔干山好像一副坚挺的脊梁一般支撑起整个国家。如果你要选择一处旅游疗养的去处，这里无疑是一个不错的选择，它山清水秀，有着秀美的风景、宜人的气候、郁郁葱葱的树林和平整的农田，清丽的海滨风景更是让人流连忘返。

> **知识小链接**
>
> 在保加利亚，有着悠久历史的酸奶文化让国人为之感到异常自豪。这里是酸奶的故乡，人们一日三餐可以食无肉，却不能没有酸奶，所以保加利亚成为全世界酸奶消费最多的国家也就不足为奇了。而俄国著名科学家米奇尼科夫在经过对世界30多个国家的人口寿命情况进行研究后发现，保加利亚的百岁老人比例最高，这不能不让我们把这些同他们以酸奶为主的膳食结构联系起来。

玫瑰谷是保加利亚远近驰名的一个山谷,到了保加利亚,我们不必为找不到这个山谷而烦恼,因为在距离山谷很远的地方就可以闻到扑鼻而来的香气,这香气仿佛就是一个经验丰富的向导,会把每一个对玫瑰谷充满向往的人带到他们想去的地方。在玫瑰谷,玫瑰花有7000多种,经历了300多年的精心培植,这里的玫瑰园已经颇具规模。

在保加利亚有一个凄美的传说:女神用自己的鲜血浇灌出一种颜色特别红、香气异常的玫瑰,这就是著名的卡赞勒克。因为这个传说,这种著名的玫瑰仿佛蕴含着一种别样的美好和深情。其实,以玫瑰著称的保加利亚并不是这种花的原产地,玫瑰的原产地实际上在亚洲,到了6世纪末才被传到当地。

玫瑰油有"液体黄金"之称,因为其极好的美容养颜作用,很受爱美女士的欢迎,盛产玫瑰的保加利亚在玫瑰油的生产上自然也是位居世界前列。人们从玫瑰花中把玫瑰油提炼出来,除了用于美容养颜的作用,还能用它来制作玫瑰香水,这样占世界总产量40%的玫瑰油的生产给保加利亚的玫瑰增加了一份馨香。

保加利亚的"玫瑰节"在每年的6月举行,如果这个时间你来到这个国家,迎接你的将是随处可见的欢乐的人群和耀眼的玫瑰花环。漂亮的"玫瑰姑娘"抛撒着玫瑰花瓣,飞机里喷洒的是玫瑰香水,在这样的时刻你能感受的除了欢乐就是花香。

❖ 红玫瑰

Part.02 第二章

世界上最小的岛国瑙鲁

> 英雄多劫难,把这句话用到瑙鲁这个世界上最小的岛国身上似乎再合适不过了。英雄正是因为经历了劫难而铸就辉煌,而瑙鲁同样也是在经历了劫难之后成为如今"富甲一方"的岛国。

位于太平洋中部的瑙鲁是一个火山岛,这个岛呈椭圆形,整个岛长 6 千米,宽 4 千米,最高海拔 70 米。就是这样一个不大的小岛,瑙鲁人在这里生活了千年之久。而同样是这个不大

❖ 瑙鲁

的小岛,在岁月的历史长河中经历多次被占领的命运——1798 年英国船只第一次航行到这个岛上,1888 年这里被德意志帝国收为殖民地,1914 年 11 月被英国人雇佣的澳大利亚军队占领,1919 年,这个小岛又被国际联盟划归澳大利亚、英国和新西兰共同管理。到了第二次世界大战,日本将这里占领;1947 年联合国又将其交由澳、英、新托管。1964 年,在瑙鲁人的强烈反对下,联合国提出的将瑙鲁人迁往澳大利亚北面的克蒂斯岛定居的计划最终没能得到实施。

❖ 瑙鲁美丽的风景

第二章 国家大探秘

知识小链接

1907年，瑙鲁开始进行磷矿的开采，截至今天已经有百余年的历史。瑙鲁国独立后，政府收回关于工业开发和开采的所有权利，这样整个国家经济渐渐得到发展，近年，每年开采磷矿量可以达到100万吨以上，这样小岛上的居民就依靠这一项出口而"富甲一方"，人均年收入达到1.5万多美元。另外，瑙鲁还出产热带水果、家畜和鱼。

1968年1月31日瑙鲁宣布独立，就在同一年的11月，瑙鲁成为不出席英联邦政府首脑会议的英联邦特别成员国。

在瑙鲁，这里只有一个叫作布阿达湖的咸水湖，没有其他的河流，虽然每年这里会有不少降水，但由于小岛的表面有很强的透水性，所以整个岛上几乎找不到淡水源，居民的饮用水需进口。

在这个没有一条河流和一寸泥土的小岛国，这里的居民却有着很高的收入，整个国家实行住房、电灯、电话、医疗等全部免费服务，国民享受到毫不逊色于西方国家的福利待遇。如果我告诉你这些全部都依靠于千万年以来到海岛上栖息的海鸟留下的鸟粪，你会不会感觉到不可思议？事实确实如此。历经数千年，大量的鸟粪发生化学变化，形成一层厚达10米的优质肥料，这就是人们称的"磷酸盐矿"，瑙鲁也正是依靠对这些矿藏的开采和出口成为一个拥有较高经济水平的国家。

Part.02 第二章

馥郁的**郁金香**之国

清爽的微风吹动着素雅的窗帘，隐约里几株橘黄或淡紫色的郁金香飘出淡淡的幽香。循着这香气，我们来到郁金香之国——荷兰。

位于欧洲西北部的荷兰国拥有 41 526 平方千米的总面积，东部和南部分别与德国、比利时毗邻。西部和北部濒临北海，位于莱茵河、马斯河和斯凯尔特河三角洲，拥有全长 1075 千米的海岸线。荷兰境内全部为低地，这一特点在它的名字中首先表现出来，因为"荷兰"在日耳曼语中叫尼德兰，意思其实就是"低地之国"。在这里有 1/4 的土地海拔是低于海面的，所以我们在这里能够看到

◆ 红色的郁金香

沿海 1800 多千米长的海坝和岸堤。荷兰著名的围海造田行动，自 13 世纪以来总共围垦出整个国家陆地面积的 1/5，约 7100 平方千米的土地。

知识小链接

在荷兰的南部和东部地区有很少一部分丘陵，其他地区的地势都很低。所以在荷兰，修建了很多海堤来对低地进行保护。但是到目前，荷兰的围海造田给当地的生态和环境造成了很大的影响，整个国家也在积极地想办法进行应对。

荷兰还被称作欧洲花园，因为这里种植着大约 180 平方千米的鲜花，而象征美好、庄严、华贵和成功的荷兰国花郁金香在这里种植最为广泛。所以，荷兰还被称为郁金香之国。占据整个荷兰农业总产量

3.5%的花卉产量让这个花的王国显得名副其实。

❖ 荷兰的风车

关于郁金香的由来，在荷兰还流传着一个很浪漫的故事：传说在雄伟的城堡里住着一位美丽的姑娘，三个同时爱上她的勇士分别赠送给她一顶皇冠、一把宝剑、一块金条。美丽的姑娘在向花神祷告时说出了自己的心声，原来她不钟情于其中的任何一个人。花神自然知道感情不能勉强，这样三个勇士赠送的东西就被花神变为包括鲜花、绿叶和球根的一朵郁金香了。

在荷兰，我们除了能够看到郁金香，还有就是随处可见的荷兰风车。"上帝创造了人类，荷兰风车创造了陆地。"这是在欧洲广为流传的一句话。因为那些高高耸立的抽水风车的存在，荷兰才能够从大海里抢到接近领土面积1/5的土地，否则我们今天也就不能看到那馥郁馨香的郁金香，也无法吃到那久负盛名的奶酪了。正因为荷兰的风车有着这样的丰功伟绩，所以荷兰人把每年五月的第二个星期六定为"风车日"，在这一天，整个国家处在热烈的欢庆氛围当中，全国的风车一起转动，引人注目。

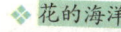
❖ 花的海洋

Part.02 第二章

芬芳的丁香之国

说到丁香，读者朋友们想到了什么？戴望舒的《雨巷》当中撑着油纸伞的丁香姑娘让人感觉到一种淡雅柔和的美。而丁香花，也确实给人以淡雅清香的感觉。现在我们将带大家走进芬芳的丁香之国——坦桑尼亚。

位于非洲东部、赤道以南的坦桑尼亚，东与印度洋濒临，与肯尼亚、乌干达、赞比亚、马拉维、莫桑比克、卢旺达、布隆迪和刚果（金）为邻。热带草原气候和热带山地气候将这个国家东西部分成不同的气候带，东部的沿海地区和内陆地区和西部内陆高原地区有着明显的气候差别。

❖ 丁香花

坦桑尼亚把丁香誉为国花。丁香花虽然不华丽，但开放起来花团锦簇，香气袭人的花朵更增添了一份华贵的色彩。丁香的华贵不在于它的拒人于千里，而是因为它的真实。丁香的枝叶繁茂，密密麻麻地生长，它是常绿乔木，属于桃金娘科丁香属，红、紫和黄为丁香花的主要花色，不大的花朵散发着诱人的芳香。丁香除了可以供游人观赏，还有一个重要的用途就是提取芳香油。

说到丁香之国，我们不得不提"丁香之岛"，这个有着"丁香之岛"之称的小岛在

❖ 丁香花

印度洋中，面积不过 980 平方千米，这就是奔巴岛。在这个小岛上生长着 360 万株丁香树，亲爱的读者朋友，发挥出你所有的想象力，来想象一下这样一个小岛在丁香花盛开的季节会拥有着怎样逼人的香气？自然这里被称为"世界上最香的地方"也就无可厚非了。奔巴岛还有一个"姐妹岛"桑给巴尔岛，两座小岛上总共 460 万株的丁香树所产的丁香总量在国际市场中占到 4/5 的比例，而这也是当地政府最主要的收入，占据总收入的 96%。丁香是一种名贵香料和药材。能够作为食品、香烟等的调配料，还是高级化妆品的主要原料，而且在牙科治疗中可以做防腐镇痛剂起到重要作用。正因为丁香具有很高的经济价值，所以当地的居民把它称为"摇钱树"。

如果你到了坦桑尼亚，欣赏这里一年两季的丁香花自然在行程中必不可少，但是除此之外这里还有很多旅游景致等着你。这里的国家公园、动物和森林保护区占据了整个国土的 1/3，自然放养的动物种类众多，包括狮子、河马、大象、长颈鹿等。

> **知识小链接**
>
> 在坦桑尼亚的边境线上，有非洲的泊维多利亚湖、坦噶尼喀湖和马拉维湖三大湖泊，和世界闻名的非洲第一高峰乞力马扎罗山，塞伦盖蒂国家公园、东非大裂谷、恩戈罗戈罗火山口、鲁夸湖马尼亚纳湖等也是这里有名的自然景观。

◆ 丁香花

世界之最大百科

Part.02 第二章

大象之邦——泰国

风靡一时的电影《泰囧》让很多人了解了泰国的风情,素有"大象之邦"盛誉的泰国除了给我们大家以热情的感觉之外,还会给我们带来什么呢?

位于东南亚的泰国,其实原名为暹罗,直到1949年5月11日,才被改为"泰",取"自由"之意。泰国位于中南半岛的中部,西部和北部分别和缅甸接壤,老挝在它的东北边,柬埔寨位于其东南。

在泰国,大象是十分善解人意的,经过训练的大象聪明又有灵性,还能够很勤劳地帮助人们做一些事情,泰国的民众都很喜欢大象,并把它当作吉祥的象征。据说,在14~18世纪时,象群被用于载运士兵进入战场,在战争中它们用身体和生命抵御外来的入侵者,所以为了感谢大象,泰国在每年11月的第三个周末都要在素辇市举行盛大的象节。之所以把庆典的地点选择在素辇市,是因为这里产象最多。

在泰国,我们随处可

◆ 泰国大皇宫

◆ 泰国大象

知识小链接

作为泰国吉祥物的大象，在古代的时候还是人们代步的重要交通工具，战争中国王还把它当作坐骑。但是当前泰国全国野生的大象数目已经只有3000头，人工饲养的大象也只有4000头左右，因为滥捕造成的大象数目的不断减少已经引起了泰国政府的重视。

见帮助人们搬木头、当导游、表演节目等的大象在努力"工作"，大家可不要小看这些勤勤恳恳的大象，它们也是经过学校的培训，"持证上岗"的呢！泰国政府自20世纪60年代开始就在清迈市设立了"大象学校"，3～5岁的大象要经过12年的训练，最后通过考试才可以毕业，这样才能到社会上来参加工作，而它们如果没有什么特殊情况，也要工作40多年。

另外，泰国因为具有迷人的热带风情和独具特色的佛教文化，所以吸引着众多游客来到这里，游客们可以在这里尽情欣赏到高大的佛塔、庙宇、佛像，还有精致的石雕和绘画等，古朴而具有特色的文化让人感受到更多的深度和虔诚。

❖ 泰国大皇宫

Part.02 第二章

遍地都是牛的印度

> 印度自1980年以来，牛的数量超过了2.43亿头，作为世界第二人口大国，拥有世界排名第一的牛数。怎么样，你是不是突然有了一种想要到印度去数牛的欲望？

印度的养牛数目占全世界牛总数的18%左右，平均每2.5人就拥有一头牛，可是印度人养牛却不是为了喝牛奶和吃牛肉，因为印度人所信奉的印度教把牛尊崇为神物，就像恒河被视为"圣河"一样，所以印度人不吃牛。

印度教的教徒认为，牛是繁殖后代的象征，又代表着幸福和吉祥，他们甚至视母牛为"圣牛"。神灵是活在母牛之中的，神学家们认为一只母牛身体内的男神和女神有3.3亿个。

许多宗教仪式，比如说庆祝黑天神为牛的守护者这一节庆仪式，祭司会用牛粪制成神的模型，将牛奶倒在神像的肚脐上，然后在庙中的地面上围绕着神像爬行。

祭司们制作一种神圣的以牛奶、凝乳、黄油、牛尿和牛粪为原料的"蜜浆"，并把这种蜜浆洒在或涂在偶像上和信徒身上，以表示神圣；每天还要用新鲜的牛奶为神像沐浴；而神庙中的灯盏所用的灯油，也是由牛油提炼特制而成的奶油；印度的家庭主妇则用干牛粪和牛粪灰来打扫卫生，从而让家里的地面和炉灶得到仪式性的清洁。

❖ 印度神牛

知识小链接

位于亚洲南部的印度是南亚次大陆最大的国家，与孟加拉国、缅甸、中国、不丹、尼泊尔和巴基斯坦等国家接壤。古印度与中国齐名，是世界四大文明古国之一。印度还是佛教的发源地。如今的印度是世界上发展最快的国家之一，在软件业出口方面表现突出，金融、研究、技术服务等行业也有快速发展。

不仅是母牛，公牛在神话中也扮演了重要角色。印度教的主神之一破坏神湿婆，坐骑就是一头被尊称为圣牛难迪的公牛，湿婆经常骑着它巡游天庭。

湿婆庙在印度遍及各地，前必有公牛雕像，大多是卧姿，有的在石台之上；有的背上还建有小亭，成为一个单独的小庙。这些公牛雕像有石头的、铜的；有一般本色的，有绘成彩色的，形象一律是雄健魁伟、栩栩如生。公牛雕像上还常常挂满花环，分享到主神般的尊荣。

另一位主神黑天，即慈悲和儿童之神，他是今日印度最流行的偶像，被印度教的神圣文献描述成一名守护牛群的牧童。在印度，某些必要的场合如果需要拆除黑天神像时，是不容许人们用手或工具打碎的，而是让一只牛犊去践踏，因为虔诚的印度教徒认为黑天不会介意他心爱的牛去踩踏他。

所以，印度人相信母牛（或公牛）是神圣的。他们对牛非常尊敬，印度教严禁宰杀牛和吃牛肉，在印度即使是老弱病残的牛也都生活得很好，每天都吃得饱饱的，并自由自在地到处"旅游"，直到自然死去。

在印度城市的街道上，牛是懒散的，这些牛可以在街道上任意穿行，或者躺卧在马路的中央，根本不害怕过往的行人和汽车。在农村，牛可以大摇大摆地走到田野里，随意吃已经成熟的粮食，或者吃掉树上的水果，没有人会来赶走它们。

❖ 印度泰姬陵

Part.02 第二章

袋鼠之国——澳大利亚

> 袋鼠在有袋类动物中是最出名、最逗人喜爱的,想象一下这些可爱的袋鼠跳来跳去的样子会不会不由自主地笑起来?那么你知道它们分布在哪里吗?其实绝大多数种类分布在澳大利亚,澳大利亚因此被称为"袋鼠之国"。

大赤袋鼠是澳大利亚的象征,澳大利亚的国徽上就绘有一只大赤袋鼠;而在澳大利亚国际航班的客机上,也画有一只奔跑着的大赤袋鼠。

1770~1900年,澳大利亚一度是英国的殖民地,而1770年之前的至少4万年时间,澳大利亚为土著居民所占有。1901年澳大利亚结束殖民地历史成为独立的联邦国家。

如今的澳大利亚是高度发达的资本主义国家,它的领土面积在世界上排第6位,国土辽阔、物产丰富,是南半球最发达的国家,全世界12大经济体之一,全球第4大农产品出口国,同时还是多种矿产第一出口大国。

澳大利亚是一个移民国家,约有1/4的国民出生在澳大利亚之外,这使澳大利亚的文化具有多元性。澳大利亚有近一半的国民居住在悉尼和墨尔本两大城市,因此人口具备高度都市化特点,而且澳大利亚的

◆ 澳大利亚

💚 澳大利亚

多个城市曾经被评为世界上最宜居城市之一。

四面环海的澳大利亚拥有许多特有的动植物和自然景观，它的地形很有特色：东部山地、中部平原、西部高原。澳大利亚的全国最高峰——科修斯科山海拔 2230 米，在它的靠海处是狭窄的海滩缓坡，缓斜向西，渐成平原。

澳大利亚的沿海地区到处是宽阔的沙滩和葱翠的草木，而且地形千姿百态：悉尼市西面是蓝山山脉的悬崖峭壁；布里斯本北面是高大、优美而历经侵蚀的葛拉思豪斯山脉火山颈；阿德雷德市西面的南海岸则是一片平坦的原野。

70% 的澳大利亚国土属于干旱或半干旱地带，其中中部的大部分地区不适合居住。澳大利亚有 11 个大沙漠，占据了整个大陆面积约 20%。因为澳大利亚是干旱国家，所以超过 1/3 的面积被沙漠覆盖。

总体来说，澳大利亚是世界上最平坦、最干燥的大陆，中部洼地及西部高原都是气候干燥的沙漠，中部艾尔湖是澳大利亚的最低点，湖面要低于海平面 16 米。沿海地带尤其是东南沿海地带，丘陵起伏、水源丰富、土地肥沃，适于居住与耕种。澳大利亚除南海岸外的整个沿海地带，形成一条环绕大陆的"绿带"，养育了这个

💚 澳大利亚的国旗

第二章 国家大探秘

世界之最大百科

知识小链接

4万多年前土著居民就生息繁衍于澳大利亚这块土地上，1770年英国航海家库克船长发现澳大利亚东海岸，并命名"新南威尔士"，宣布这片土地属于英国。1788年1月26日，英国人正式在澳大利亚杰克逊港建立起第一个英国殖民区，后来发展成悉尼。于是1月26日成为澳大利亚的国庆日。

国家。

因为气候干旱的原因，澳大利亚近70%的土地是旱地，能用来做畜牧及耕种的土地只有26万平方千米。澳大利亚羊比人多，在牧区随处可见放养的羊群与牛群。

其实澳大利亚本来是没有羊的，18世纪后期由欧洲移民带了29只绵羊进入澳大利亚，而由于这里良好的草原条件和干燥的气候，适合绵羊生长和繁殖，19世纪20年代，绵羊数量增加到6000余万，而工业的现代化趋势更是造就了现代化的大牧场，2011年绵羊数量约为1.7亿，占全世界总量1/6，羊毛产量居世界第一，所以澳大利亚又被称之为"羊背上的国家"。

澳大利亚拥有高度高达的农牧业，农牧产品的生产和出口在国民经济中占据着重要地位，它是全世界最大的羊毛和牛肉生产国，澳大利亚重要的农作物有小麦、大麦、油菜籽、棉花、蔗糖和水果。2009~2010年，农牧业总产值274亿澳元，占国内生产总值2.1%。其中小麦产值48亿澳元，大麦14亿澳元，羊毛19亿澳元。

大赤袋鼠

Part.02 第二章
最有钱的国家

第二章 国家大探秘

福布斯曾对世界上 182 个国家的人均 GDP 数据进行了购买力平价调整，由此评选出全球最富裕的国家。

瑞士

瑞士位于欧洲的中部地区，是一个完全的内陆国。它北接德国、西邻法国、南邻意大利、东临奥地利和列支敦士登。

瑞士是联邦制国家，伯尔尼是联邦政府所在地城市。瑞士人均 GDP 为 81 160 美元，位居世界前列，是世界上经济最发达和生活水准最高的国家之一。瑞士银行闻名世界，是最安全的银行，很少有人知道目前瑞士银行有多少秘密账户。

瑞士现有的五大工业支柱是机械、化工、纺织、钟表和食品，其中劳力士表、瑞士军刀、雀巢咖啡等，是国际知名的瑞士品牌。

❖ 瑞士手表

卢森堡

卢森堡大公国是以世袭大公为国家元首的国家，位于欧洲西北部，是现今欧洲大陆仅存的实行君主立宪制的大

知识小链接

卢森堡人口只有 50 万，因其国土小、古堡多，所以有"袖珍王国""千堡之国"的称呼。

055

卢森堡古堡

公国。

卢森堡东邻德国、南毗法国、西部和北部与比利时接壤。因为卢森堡在历史上处于德法要道，具备丰富多变的地形和险要的地势特点，所以一直是西欧重要的军事要塞，被称为北方直布罗陀。

过去的卢森堡曾经是工业国家，但现在它是全球最大的金融中心之一，同时也是欧元区内最重要的私人银行中心，以及全世界第二大投资信托中心（仅次于美国）。

卢森堡经济高度发达，金融、广播电视、钢铁为三大经济支柱产业，国民生产总值为89 562万美元，作为欧盟国家中人均收入和生活水平最高的国家，卢森堡人均国民生产总值位居世界前列，民众福利待遇水平高，生活富裕。

阿拉伯联合酋长国

位于阿拉伯半岛东部、北濒波斯湾的阿拉伯联合酋长国，俗称沙漠中的花朵，是一个以产油著称的中东沙漠国家。

阿联酋西北与卡塔尔为邻、西部和南部、与沙特阿拉伯交界、东部和东北部毗连阿曼，北濒波斯湾，海岸线长达734千米。

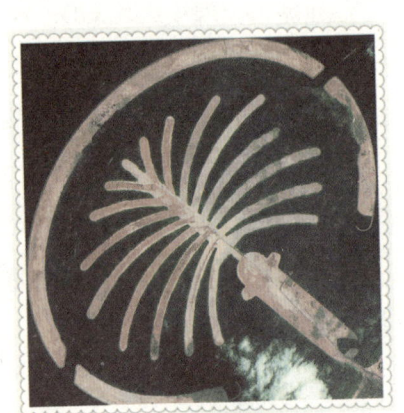

棕榈岛

阿联酋人口800余万，2012年GDP总值3487亿美元，是名副其实的富人之国，拥有世界上最好的酒店和摩天大楼。

著名的人工岛——棕榈岛被称为"世界第八奇迹"，是古巴比伦式的空中花园，糅合了惊人的想象力和古阿拉伯富豪的奢华气派。

卡塔尔

卡塔尔是一个高福利国家，人民拥有很高的生活水准，生活非常富足，但同时使用着世界上最贵的水。

卡塔尔位于亚洲西南部波斯湾西南岸的卡塔尔半岛上，与阿联酋和沙特阿拉伯接壤，它有550千米的海岸线，属热带沙漠气候。

❖ 卡塔尔大皇宫

卡塔尔拥有丰富的石油和天然气资源，它的天然气总储量占全世界第三位。卡塔尔 GDP 总值 1738.47 亿美元，人均 GDP 为 98 329 美元。

卡塔尔虽然生活用品资源丰富，但是缺乏淡水资源，所使用淡水依靠海水淡化供给，所以水的价格是全世界最昂贵的。

挪威

挪威是北欧国家，位于斯堪的纳维亚半岛西部，东与瑞典接壤，西邻大西洋。GDP 总计 4836.50 亿美元，人均 GDP 为 97 255 美元。

挪威具有极其蜿蜒曲折的海岸线，并由此构成了挪威特有的峡湾景色。斯瓦尔巴群岛和扬马延岛也是挪威的领土。

挪威有丰富的自然资源，如石油、水利、渔业、森林和矿产等，其中石油产业是挪威的经济支柱，挪威建立了国家石油基金，将石油产业的利润用于海外投资，避免了经济过热问题。

自 2001 年起，连续六年挪威被联合国评为最适宜居住国家，并在 2009~2013 年连续获得全球人类发展指数第一的排名。

世界之最大百科

Part.02 第二章

湖沼之国

芬兰是北欧国家，它的国名芬兰语是 Suomen Tasavalta，含义是"湖沼之国"，这是因为芬兰具有众多的湖泊。

芬兰因为拥有 187 888 个湖泊和 179 584 个岛屿，被誉为"千湖之国"，它为什么有这么多的湖泊呢？这是由于自然地理环境造成的。

芬兰靠近北极圈，在几十万年以前，芬兰与今天格陵兰岛相似，也被冰层封冻着，封冻的冰层不断地缓慢运动着，从而对地面形成了巨大的力量，而地面硬度又各不相同，从而导致地面凸凹不平。同时，冰层沉重地压迫着地面，还使地面下陷，冰层越厚的地方，下陷就越深。

约一万年前，芬兰的气候逐渐转暖，冰层慢慢消融，直到

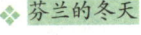
❖ 芬兰的冬天

❖ 冰碛湖

❖ 芬兰的大教堂

完全融化。而冻结在冰块之内的各种泥沙、砾石，从此堆积在地面之上，地面更加坑坑洼洼，为形成湖泊奠定了良好的基础。

冰雪全部消融之后，一部分水充盈进入了低洼之中，一部分流入江河，而每年丰沛的降水不断地补充着低洼地区所蒸发掉的水分，由此，宛如繁星一般密布的湖泊就出现了。由于这些湖泊是冰川活动造成的，所以被称之为冰蚀湖和冰碛湖。

芬兰是欧洲的第七大国家，总面积有33.8万平方千米，南北最长1157千米、东西最宽542千米。芬兰大约有1/3国土位于北极圈内，因此芬兰北部气候极其寒冷、多积雪。

芬兰的最北部，冬季有40～50天看不到太阳；夏季5月末～7月末太阳不落山。芬兰属温带海洋性气候，一年之中，冬季气温14～3℃、夏季气温13～17℃，年平均降雨600毫米。

苏兰首都赫尔辛基是一座花园式的现代化都市，被称为"波罗的海明珠"，街道宽阔，商业繁荣，拥有各种带浓郁民族特色的现代建筑和中世纪建筑，市内拥有的众多不同类型博物馆吸引着各地游人。

芬兰整体地貌特点是北高南低，内陆水域面积占全国面积的10%。地势平坦，其中拉普兰北部地区的哈尔

世界之最大百科

> **知识小链接**
>
> 芬兰的拉普兰省，绝大部分位于北极圈内，所以这里有极夜与极昼现象。在极昼中，午夜的天空也不会灰暗，即使在南部海岸，也有19～20小时的日照。而在纬度高的北部城市乌茨约基，寒冷、干燥的冬季夜晚，常常会看到北极光，每年11月25日到来年1月17日是观赏北极光的时间。

蒂亚峰，海拔1328米，位于芬兰、挪威边界，是芬兰最高点；最长的河流凯米河长512千米。

最早的芬兰居民是拉普人，所以芬兰又名拉普兰；当芬兰人迁入后，建立了芬兰大公国；12世纪后半期芬兰被瑞典统治；1809年的俄瑞战争，芬兰并入俄国成为大公国；1917年12月，芬兰共和国宣布独立。

芬兰是高度发达的资本主义国家，人均产出远远高出于欧盟平均水平，国民享有高标准的生活品质。而且芬兰还是世界最清廉国家，"透明国际"2012年所公布的全球清廉指数报告中宣称176个国家和地区中芬兰名列第一。

Part.02 第二章

五彩缤纷的彩虹之国

第二章 国家大探秘

南非有"彩虹之国"的美誉,是因为它有七彩夺目的人文文化,游一处等于游一国,好似环游世界一般。读者朋友们有没有想要去见识一下这彩虹之国的冲动呢?

南非位于非洲大陆的最南端,陆地面积约121.9万平方千米,北部与纳米比亚、博茨瓦纳、津巴布韦、莫桑比克和斯威士兰接壤,中间环抱世界上最大的国中国莱索托。

印度洋和大西洋所环抱着南非的东、南、西三面,它地处两大洋间的航运要冲,具有重要的地理位置。西南端的好望角航线,有"西方海上生命线"之称,历来是世界上最繁忙的海上通道之一。

南非拥有长达2500千米的海岸线,国境内大部分地区是海拔600米以上的高原。全国最高点为海拔3660米的卡斯金峰,位于绵亘东南的德拉肯斯山脉;

知识小链接

非洲拥有众多的野生动物,其中的狮子、非洲象、非洲水牛、豹和黑犀牛五种动物,被称为"非洲五霸"。为什么呢?并非因为它们的体型庞大,而是因为在历史上,这五种动物具有最高的狩猎难度,它们是十分危险的野生动物,也正因为这个原因,深受观光者的青睐。

❖ 南非彩虹

世界之最大百科

❖ 南非世界杯足球馆

西北部是沙漠地带，属于卡拉哈里盆地；北部、中部和西南部是高原地区；沿海则是又窄又狭的平原地带；南非最主要的河流为奥兰治河和林波波河。

南非拥有丰富的资源，是世界五大矿产国之一，经济开放程度较高。矿业、制造业和农业为三大国民经济支柱，其中深矿开采技术处于世界领先水平。

南非拥有世界最大的黄金储量（60%），居第二位的蛭石、锆、钛、氟石，居第四位的磷酸盐、锑，居第五位的铀、铅；第八位的煤、锌，居第九位的铁矿石，居第14位的铜。另外，钻石、石棉、铜、钒、云母等的蕴藏量也极为丰富，现已探明储量并开采的矿产有70余种。

南非还是世界上最奇妙的度假胜地之一，辽阔的国土上拥有着各种各样的气候和地形，以及不同类型的景观和多样的文化。南非夏天不热冬天不冷，秋季可以看见漫山遍野的红叶，春天则是花的海洋。

多元的人文文化是南非吸引游客的最重要原因：从古老的黄金城到现代化的大都会，从原始部落的歌舞到欧陆风格的小镇，应有尽有。而且在这里还能近距离接触野生的非洲五霸：狮子、非洲象、非洲水牛、豹和黑犀牛，这真是无与伦比的体验。

❖ 南非的犀牛

第三章
动物大观园

动物是我们亲密的伙伴,奇妙的动物世界中有许多精彩有趣的故事,而种类繁多的动物令我们眼花缭乱,自然这其中也不乏那些世界之"最"。

Part.03 第三章

毒蛇之最

陆地上最毒的蛇莫过于栖息于澳大利亚中部干旱平原和草地的细鳞太攀蛇，它们以蛙、蟾蜍、小哺乳动物等为食。1毫克毒液能把两个成年人致死。

细鳞太攀蛇的头部扁平、略尖，呈黑色或有黑色斑纹；头部毒牙长7～13毫米；眼睛相对较大；躯干的鳞片是灰色到黄褐色，这些鳞片有时会镶有细黑边；躯干部呈褐色或橄榄绿色；腹部为黄白色。

▶ 细鳞太攀蛇

细鳞太攀蛇的毒素种类是神经毒素和心脏毒素，这种毒液分子是由尿钠排泄缩氨酸的蛋白质家族进化而来，在脊椎动物中，这些缩氨酸的作用是使心脏周围的肌肉松弛。而这些神经毒素主要作用于神经和肌肉接合点，将会抑制和麻痹神经末梢、阻断肌肉与神经的联系。

中毒患者一开始会头疼、恶心、呕吐，接着腹痛、晕眩和视力模糊，严重者还会出现痉挛和昏迷，并最终导致呼吸系统瘫痪。而且这种毒素中同时含有能破坏

知识小链接

毒蛇是指能分泌特殊毒液的蛇类，然而毒蛇的毒液只能在血液中才能起到相应作用，而饮用毒液则不会对人体造成伤害。据不完全统计，世界上最毒的10种蛇，它们都生存在澳洲，分别为细鳞太攀蛇、棕伊澳蛇、太攀蛇、艾基特林海蛇、东方虎蛇、巨环海蛇、虎蛇、黑虎蛇、死亡蝮蛇、西部眼镜蛇。当然这个排序还有疑义。

肌肉组织及阻止血液凝固的毒蛋白，会导致受害者大出血、严重的肌肉损伤及肾衰竭。

科研人员通过测试，发现受试生物死亡所需要细鳞太攀蛇的毒液的绝对量（LD50）是0.0021毫克/千克，而它每一次啮咬的排毒量是125～400豪克，可见细鳞太攀蛇比响尾蛇毒性强300倍，而等于眼镜王蛇毒性的20倍，与钩鼻海蛇的致死情况差不多，在动物毒素学上，细鳞太攀蛇可以排到前10位。

细鳞太攀蛇它每咬一次排出的毒液可以在24小时内毒死20吨的猎物，相当于25万只小白鼠、100个成年人或两头非洲大象的重量。由此测算，细鳞太攀蛇1毫克的毒液就可以杀死两名成年人。

❖ 眼镜蛇

一般情况下，细鳞太攀蛇对猎物发起袭击时，在没有松口时就注入猎物体内几百毫克毒素，已经足以让猎物丧命；有时猎物还没有发觉自己遭受伤害，就因为毒性发作而失去知觉。因为细鳞太攀蛇的毒素属于神经型毒素，猎物被咬之后会麻痹，如果是成年人被袭击，15～30分钟之内，就会因呼吸衰竭而死。

可是，细鳞太攀蛇本质上却是一种害羞、温柔的蛇，如果不捕捉它们，它们不会轻易被激怒，也不会咬人。

而如果受到惊扰，或进行捕食时，它们的前半身将竖成"S"形挺立起

❖ 细鳞太攀蛇

来，而且攻击速度极快，猎物往往还没来得及反应，已被它的毒牙连续咬了几下，细鳞太攀蛇是世界上攻击速度最快的毒蛇。

Part.03 第三章

可怕的超级大蜥蜴

蜥蜴是冷血爬虫类,是爬行动物纲中最庞大家族,已知的种类超过4700种,因为蜥蜴通常有四只脚,所以又叫"四脚蛇"。

知识小链接

在历史上,科摩多岛是一个荒岛,直到松巴哇苏丹把罪犯流放到岛上服刑。这些罪犯传出消息说岛上有巨型蜥蜴,但开始没人相信。1911年一位美国飞行员驾驶小型飞机飞过科摩多岛时,发现"怪兽";四年之后印度尼西亚政府把科莫多蜥蜴视为国宝进行保护。1926年,美国人伯尔登拍摄了相关的纪录片,而1931年影片KINGKONG使人们真正认识这种科莫多巨蜥。

科莫多巨蜥是世界上最大的蜥蜴,生活在印度尼西亚小巽他群岛的科莫多岛和邻近的几个岛屿上,它的体长可达3米,重量大约135千克,寿命可以达到100年,不过现在这个物种濒临灭绝,所以被列为保护动物。

成年雄性科莫多巨蜥皮肤粗糙,身上有黑褐色鳞片,同时还长有许多隆起的疙瘩。它的口腔中生满了巨大而锋利的牙齿。但它却是一个"哑巴",声带很不发达,即使被激怒,也只能听到"嘶嘶"的声音。

科莫多巨蜥是完全的食肉动物,它是一个冷血杀手,生活在科摩多岛上的科莫多巨蜥处于区域食物链的顶端,各种野猪、鹿、猴子都是它的食物。

巨蜥在扑食动物时,异常凶猛,奔跑的速度很快,而它巨大有力的长尾和尖利的爪子,都是它扑食动物的有力"工具",成年巨蜥一扫尾巴,就可以扫倒三岁以下的小马。

一般巨蜥每天早晨从洞穴中爬出来之后,先躺在岩石

❖ 巨蜥

上晒太阳，等太阳晒暖了身体它就出发去捕食，伏击在动物经过的路边，等猎物临近约1米远时，巨蜥扑上去咬住猎物使猎物负伤中毒，一两天之后猎物因伤口感染死亡，巨蜥用嗅觉追踪死去的猎物，吃不完时，巨蜥会把猎物余下的部分埋在沙土或草里，下一次饥饿时再吃。

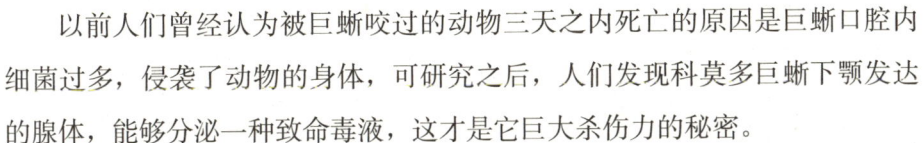

❖ 蜥蜴

以前人们曾经认为被巨蜥咬过的动物三天之内死亡的原因是巨蜥口腔内细菌过多，侵袭了动物的身体，可研究之后，人们发现科莫多巨蜥下颚发达的腺体，能够分泌一种致命毒液，这才是它巨大杀伤力的秘密。

巨蜥的胃口很好，一只体重不超过50千克的雄巨蜥，在17分钟之内可以吃完一头31千克的野猪。成年巨蜥一餐可以吃下大约跟自己体重80%相当的食物，它们的胃就像一个橡胶皮囊似的，所以巨蜥餐前餐后体重差异很大。

巨蜥有着严格的分餐制度，猎物的香味会吸引四处觅食的巨蜥前来分享，这时候体型最大的雄性优先，顺从者或"亲朋好友"随后，而陌生的"食客"被安排在最后就餐，科莫多巨蜥最爱吃腐尸。

吃饱的了巨蜥会趴伏在丛林间、沙滩或者礁岩上，晒着太阳睡觉。巨蜥还是一个游泳健将，可以潜入水中捕鱼吃，在水下待几十分钟一点问题都没有，有时候巨蜥还可以游过海洋。

如今野外生存的巨蜥不超过3000只，巨蜥是卵生动物，科摩多巨蜥3～5年性成熟，7月发情并交配，8月开始产卵。雌巨蜥在生育季节时，会挖9米深的洞，把卵生在洞中，到来年4～5月时孵出。而幼年巨蜥刚出壳时，大小如同饲养的家鹅。

❖ 科莫多巨蜥

世界之最大百科

Part.03 第三章

海洋中的"智叟"

"智叟"大多被我们用来形容那些头脑聪明伶俐的人，那么你知不知道在海洋里最聪明的动物是什么呢？一般来说大家都认为是海豚，它有海中"智叟"之称。

海豚是一种体型较小的海中哺乳动物，它是鲸类的一种，有62个品种，分布在世界各大洋中。海豚的体长1.2～10米不等，体重23～225千克不等。最小的海豚是喙头海豚，它体长1.2～1.3米，重45千克左右；最大的海豚是虎鲸海豚，体型相当粗壮，刚出生时身长就有2.2～2.6米，体重160千克。一般情况下，雄海豚的寿命可达50～60年；雌海豚寿命较长，为80～90年。

除了虎鲸之外，海豚嘴部一般是尖的，上下颌各有101颗尖细的牙齿，以小鱼、乌贼、虾、蟹等作为自己的食物。

在海洋动物中，海豚的大脑是最发达的，人类大脑重量占体重的2.1%，

◆ 虎鲸海豚

◆ 虎鲸海豚的牙齿

海豚大脑占体重的 1.7%。海豚的大脑是由完全隔开的两部分组成的，因此其中一部分大脑工作时，另一部分可以充分休息，所以海豚能够终生不眠。

海豚有回声定位的本领，根据回声定位来判断目标的远近、方向、位置和形状，甚至还可以判断出物体的性质。有人做过实验，即使把水搅浑，也不影响海豚迅速、准确地追到扔给它们的食物。经过训练的海豚，可以打乒乓球、跳火圈等。

除了惊人的听觉之外，海豚还有异乎寻常的潜水和高超的游泳本领。据测验海豚的潜水记录是 300 米深，而人如果不穿潜水衣，只能下潜 20 米。海豚的游泳速度可达 74 千米/时，相当于鱼雷快艇的中等速度，这与海豚流线型的身体和良好弹性的皮肤有关系。

海豚的皮肤如绸缎一般轻软，质地就像海绵一样，每 2 小时海豚就要更新 1 次外表皮肤层的细胞，从而保证降低逆流情况的出现，并且让海豚从水中跳跃到 7 米高的空中。而海豚这些特征，如今被应用到潜水衣的制作和造船技术当中了。

海豚身上没有气孔，只有一个位于上额顶端用于呼吸的鼻孔，海豚进出呼吸全部通过鼻孔进行，而不像人类一样还可以使用嘴。海豚呼出动作是在水下进行的，浮水之后进行呼进动作，再次潜水

世界之最大百科

> **知识小链接**
>
> 海豚不是鱼,它在水中必须一直游泳,要不然可能会淹死。那么,海豚是怎么休息呢?因为海豚的大脑是分左右两区的,而且这两区完全隔开,所以可以交替休息,即左脑休息时,右脑工作;右脑休息时,左脑工作。海豚休息时,会浮近水面,而且它们即使休息,也不会进入到我们人类一样的熟睡状态,这样可以避免受到侵袭。

时海豚会紧闭鼻孔,从而避免海水渗入到肺部。海豚的鼻子没有嗅觉功能。

海豚的呼吸动作与人类是一样的,是一种自主动作,如果海豚在水中失去知觉,不能呼吸,它很快会窒息而死,所以,如果对海豚进行麻醉手术,就需要为海豚供氧。

海豚换一次气之后,可在水下维持20~30分钟,我们看到海豚一次又一次跃出水面,这是因为它需要换气。

海豚的栖息地多在浅海,很少游入深海,而且海豚喜欢过"集体"生活,少则几条,多则几百条。在不同的地方,海豚进行不同的活动,当休息或游玩时海豚会聚集在靠近沙滩的海湾,而捕食时就出现在多岩石的浅水区。

我们都知道海豚拥有超常的智慧,水族馆里经过训练的海豚,可以打乒乓球、跳火圈等,还可以根据训练师的指示表演各种美妙的跳跃性动作,在海豚与训练师的交流中,我们感觉海豚像能了解人类所传递的信息一般,那么,这美丽的海洋生物到底有多聪明呢?这需要我们进一步去探讨和追踪。

Part.03 第三章

鸟类的"飞行冠军"

第三章 动物大观园

"海阔凭鱼跃，天高任鸟飞。"我们羡慕鸟的一双翅膀，尽情翱翔在蓝天白云之下，可以尽情享受微风、细雨，享受阳光和雨露。可你知道什么鸟飞得最快吗？

军舰鸟是鸟类中飞得最快的，它飞行时犹如闪电，捕食时飞行时速可以达到418千米/时，不愧为"飞行冠军"。而且军舰鸟可以飞达1200米的高度，还能不停地飞往距离巢穴1600多千米的地方，最远处可达4000千米左右。即使在12级狂风之中，军舰鸟也能够顶风在空中飞行并安全降落。

鹈形目军舰科有五种大型的海鸟，它们通称为军舰鸟。军舰鸟是一种大型热带鸟，雌鸟一般要比雄鸟大。它们体长75～112厘米；长而强的翅膀展开有176～230厘米；嘴黑，长而尖，端部弯成钩状；尾是深叉状；脚又短又弱，包括四趾，具蹼；喉部有可以暂时贮存所捕食鱼类的红色喉囊；上体是带绿色光泽的黑色，喉、颈、胸是带紫色光泽的黑色。军舰鸟胸肌相当发达，为飞翔提供

❖ 飞翔的军舰鸟

❖ 军舰鸟喉部可以储存食物

071

了先天优势条件。

军舰鸟以"军舰"为名,这与它们素常的捕食习性有关系。白天,军舰鸟总是翱翔在天空中,它们既可以在高空翻转盘旋,

❖ 捕食中的军舰鸟

也能够飞速直线俯冲,凭借着高超的飞行本领,并十分擅长在空中袭击叼着鱼的其他海鸟。当碰到目标时,军舰鸟就会凶狠地对准目标冲击,而被攻击者往往惊慌地丢下口中的鱼仓皇逃走,这时候军舰鸟就会急冲而下凌空叼住下落的鱼并马上吞吃。

因为军舰鸟的掠夺习性,所以早期的研究人员给它起名 frigatebird。frigate 是中世纪海盗使用的一种架有大炮的帆船,而发展到现代,frigate 变成护卫舰的意思,因此,人们干脆简称这种鸟为 man-of-war,意思是军舰,军舰鸟的名字由此叫开了。

军舰鸟一般栖息在海岸边的树林中,食物主要是鱼、软体动物和水母,因为军舰鸟的羽毛没有油,不能沾水,所以它们只能少量捕捉靠近水面的鱼,大多数是通过自己飞行技能从空中去截获其他海鸟捕的鱼。

军舰鸟是一种讲卫生的鸟类,每次吃完东西都会降落到海面上清洗一下。在我国的

❖ 军舰鸟的集体生活

西沙群岛，就有这种军舰鸟，它们因为必须回陆地过夜，所以即使在海上也与陆地保持160千米以内的距离。

军舰鸟是相亲相爱的鸟类，繁殖期间雄军舰鸟的喉囊会膨胀起来，并变成鲜艳的绯红色，直到雌鸟产下一枚蛋后，雄鸟的喉囊才慢慢瘪下去，颜色也变回暗红色，雌雄军舰鸟是轮流孵卵的，雏鸟孵出来之后共同哺育。

❖ 求偶时的军舰鸟

最大的军舰鸟是生活在美洲东西两岸、加勒比海和非洲的维德角这些地区的华丽巨军舰鸟，体长约115厘米。其他品种的军舰鸟，如大军舰鸟和黑腹军舰鸟等，在世界各个热带地区的岛屿生活和繁殖。

知识小链接

军舰鸟算是鸟类中的海盗，依靠掠夺食物来弥补自己取食能力的缺陷。每到夜晚它们必定回到陆地或海岛上栖息。军舰鸟喜欢群居，在栖息时大群的军舰鸟挤在一起。这时候其他海鸟如鲣鸟、海鸥等，也经常聚集在军舰鸟周围，这些白天受到军舰鸟欺负、掠夺的海鸟，到了晚上却和军舰鸟同宿，简直不可思议。

第三章 动物大观园

Part.03 第三章

追逐光明的鸟中"夸父"

北极繁殖、南极越冬，每年往返一次南北极，漫长的数万千米行程，是谁会有这样顽强的意志？是谁会这么做呢？我们现在为您揭秘：北极燕鸥。

知识小链接

北极燕鸥不畏艰险追求光明的精神和勇气值得我们每一个人学习，它们具备顽强的生活力，是地球上唯一一种永远生活在光明之中的生物。1970年，有人捉到了一只北极燕鸥，腿上套着1936的环，由此来计算，这只北极燕鸥至少34岁了，而一生至少飞行150多万千米。一般来说，北极燕鸥20年的寿命是相当普遍的，活33年以上也较常见。

北极燕鸥看上去小巧玲珑，瘦小如同常见的小燕子。它体态优美、身姿矫健；鲜红的长喙和双脚犹如红玉雕就；它的头顶是黑色的好像戴着一顶呢绒的帽子；它身体上的羽毛是灰白色的，而身体下的羽毛却是黑色的，当它飞翔在大海之上时，由上而下看它可以与大海融为一体，而由下而上看，鱼类难很难看到它。而且，它还有尖尖的翅膀和长长的尾翼。

北极燕鸥是大自然的完美构思，并精心雕琢而成的，它出生在北极，堪称北极的神物。北极燕鸥热爱白天，习惯过白昼生活，正因为它这一特性，所以它往返于南北两极，寻找光明，因此人们

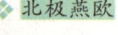
北极燕欧

又叫它"白昼鸟"。

众所周知,南北极的黑夜与白昼正好相反,每年6月,北极的极昼时期,北极燕鸥在这里繁衍后代,而到了8月,它率领着"儿女们"向南方迁徙,于12月到达南极,这时候南极是昼长夜短,北极燕鸥将在此逗留到第二年的3月初,然后再次北行。每年,北极燕鸥纵贯地球南北,往返于两极之间,飞行距离达4万多千米。

在鸟类中,北极燕鸥飞得最远,年复一年北极燕鸥一代接一代,往返于两极之间,南飞4万千米以上,又北飞2万千米以上,就这样一群群、一队队,朝着共同的目标、共同的方向往返于地球的尽头。

北极燕鸥同时是一种勇猛的鸟类,别看它小,它可是相当争强好胜,而且勇于内斗,邻里和伙伴之间是经常争吵不休甚至大打出手。

可是,当碰到外敌入侵时,北极燕鸥会立即摒弃前嫌一致对外。事实上,北极燕鸥经常成千上万地聚集在一起,就是为了集体防御。貂和狐狸喜欢偷吃北极燕鸥的蛋和雏鸟,而上万只的北极燕鸥足以阻止它们盗猎的行为。

别说貂和狐狸,哪怕是北极熊,在强大的阵营面前,一样是只有招架之功没有回击之力,有人曾见过北极熊想要偷袭北极燕鸥,却被成群结队的燕鸥一起攻击,用坚硬的喙猛啄北极熊的脑袋,最后北极熊不得不败北而去。

第三章 动物大观园

❖ 北极熊

Part.03 第三章

鱼中的"英雄母亲"

> 世界上生孩子最多的"英雄母亲"是俄罗斯的费奥多·瓦西列耶夫,生了69个孩子,破了吉尼斯世界纪录。在世界鱼类当中,你知道产卵最多的是什么鱼吗?

在鱼类世界中,翻车鱼的雌鱼一次可产2500万到3亿枚卵,是海洋中最会生产的鱼类,可称得上鱼中的"英雄母亲"。

在鱼类之中,翻车鱼是体型最大、形状最奇特的鱼之一,它最长可达3.3米,重1900千克,体型又圆又扁,就像一个大碟子;鱼身和鱼腹上各有一个又长又尖的鳍,而尾鳍却几乎不存在,看上去好像后面被削去了一块似的;身体两侧呈扁平状,皮肤强韧,嘴很小,牙齿如喙一般。

翻车鱼遍布在世界各地的温带及热带海区,是大型的大洋性鱼类,主要以水母为食,小小的嘴巴可以铲起水母。尽管外表笨拙,翻车鱼有时也会跃出水面,而且它们常常在水面上晒太阳。

翻车鱼的皮相当厚实,由15厘米的稠密股纤维构成,翻车鱼的皮上存活着40多种的寄生虫,甚至身上的寄生虫之上还有寄生现象。

翻车鱼既笨拙又不擅长游泳,它是河豚科的巨型亲戚,是多骨鱼中最重的鱼种,最大的翻车鱼体重可以

❖ 翻车鱼

知识小链接

翻车鱼是一种性格温顺的鱼,因此经常受到虎鲸、海狮和人类的袭击。入夏的时候,大量年幼的翻车鱼会伴随着温暖的洋流和充足的食物进入蒙特雷湾,这里的加利福尼亚海狮把翻车鱼视为自己的美味佳肴,它们袭击翻车鱼并撕咬翻车鱼的背鳍和胸鳍。如果海狮不能撕开翻车鱼厚而硬的皮,它们就把已经没有活动能力的翻车鱼抛向水面,这时的翻车鱼就成为海鸥的美餐。

达到3吨。美国鱼类学家20世纪30年代时就发现,翻车鱼可称得上动物界的生长冠军,它的幼鱼只有0.25厘米,而成年鱼3米,体重增加可达6000万倍。

翻车鱼在海洋的天敌很多,经常被其他鱼类和海兽吃掉,它没有灭绝的唯一原因就在于它超强的生殖能力。

而翻车鱼的繁殖过程也相当有趣,生殖季节时,雄翻车鱼会在海底找一个理想的场地,用胸鳍和尾巴挖开泥沙筑成凹形的"产床",引诱雌鱼进入"产床"产卵。而当雌鱼产卵之后就扬长而去。这时雄鱼赶紧在卵上射精,并从此担负起护卵、育儿的职责,直到幼鱼长大,从这方面看,雄翻车鱼可算是尽职尽责的"模范爸爸"。

雌翻车鱼产卵虽然多,可有一部分不能受精孵化成小鱼,另一部分小幼鱼又会被凶猛的鱼类吃掉,加之刚孵化的小鱼十分脆弱,可能被海洋里的风暴所摧杀,所以历经灾难,长成大鱼的翻车鱼并不多,这导致了海洋中翻车鱼寥寥无几,相当罕见。据统计,一条翻车鱼所产的3亿枚鱼卵,只有30枚左右能长大并最后得以进行下一代的繁殖。

翻车鱼

Part.03 第三章
两栖动物中的活化石

产于日本和中国溪涧、池塘的大鲵，因为它叫起来的声音像婴儿啼哭一样，所以我们又叫它"娃娃鱼"。亲爱的读者朋友，现在你知道了吗？娃娃鱼可不是长得像娃娃，而是它的叫声像娃娃的哭声而得名哦！

娃娃鱼有着悠久的历史，它与恐龙是同一时代的，3亿年前就在地球上生存并得以延续存活下来，而且娃娃鱼还是现存的最大两栖类动物，被称为"活化石"。

娃娃鱼的外形与蜥蜴相似，但更肥壮和扁平一些。它小时候是用鳃呼吸而长大以后用肺呼吸。人工饲养的娃娃鱼可以活130年之久，比人类活得都长，在两栖动物中也是名副其实的寿星。

娃娃鱼的头部扁平、钝圆、嘴大，眼睛没有眼睑而且不发达；它的身体前部扁平，到了尾端逐渐转为侧扁，尾是圆形的，尾上下有鳍状物；短扁的四肢之指、趾是前四后五，具微蹼。

娃娃鱼身体两侧有明显的肤褶，身体表面光滑无鳞，但有各种斑纹并布满黏液，腹面颜色相对浅淡。娃娃鱼身体的颜色可以因环境不同而变化，多数情况下呈灰褐色，它常常把身体的颜色变成周围石子一样的颜色，免得天敌发现它。

❖ 娃娃鱼

娃娃鱼一般栖息于山区溪流的洞穴之中的石隙间，这里水质清

第三章 动物大观园

> **知识小链接**
>
> 世界上现存三种大鲵,其中中国大鲵的身长可达 1.8 米,日本大鲵身长可达 1.5 米,美洲隐鳃鲵身长可达 0.75 米。它们都是体形扁长,四肢很短,前肢四指,后肢五趾,趾间有蹼,并有一短而侧扁的尾巴。大鲵是两栖动物,水中用鳃呼吸,陆地用肺兼皮肤呼吸,它的皮肤只有黏膜而不像鱼类一样覆盖鳞片。

澈、含沙量不大、水流湍急并且有回流水。它们夜间静守在滩口石堆中"守株待兔"式地猎食,一旦发现猎物经过就进行突然袭击,娃娃鱼有一口又尖又密的牙齿,猎物进入它的口内后很难逃脱。

娃娃鱼是肉食动物,生性凶猛,它们的食物有水生昆虫、鱼、蟹、虾、蛙、蛇、鳖、鼠、鸟,等等。娃娃鱼的牙齿不能咀嚼,只能张口将食物囫囵吞下,然后在胃中慢慢消化。

当食物不足时,娃娃鱼之间可能出现同类相食的情况,甚至以卵充饥。娃娃鱼碰到食物充足时常常暴食,吃饱了的娃娃鱼体重可能增加 1/5。但娃娃鱼又有很强的耐饥本领,在清凉的水中饲养,2～3 年不进食,娃娃鱼也饿不死,相当神奇。

Part.03 第三章

陆地上的"巨无霸"

我们都知道,鲸是海洋里的巨无霸,身躯庞大而笨重的大象则是陆地上的巨无霸,同时也是世界第二高动物。

非洲象是大象群中的佼佼者,它平均身高3.8米,体重约8吨,是非洲大陆最常见的野生动物。非洲象主要分布在非洲东、中、西、西南和东南等广大地区,其中的热带草原和稀树草原地区,都是它们的栖息地。

◆ 非洲森林象

非洲象喜欢群居,它们强悍,性情警惕而暴躁,雌雄两性间存在着较大的差异。其中成年雄象肩高3.5米,体重在3～8吨之间。

非洲象平均年龄在65～70岁,它们成熟期很长,需要13～14年才能达到性成熟期,幼象没有牙齿,随着年龄的增长逐渐长牙,而两个巨型门齿

◆ 非洲象

是根据身体的长大而变长,当然也会随着年龄的推进导致过度使用而磨损,甚至出现断裂,如果非洲象的门齿断裂,就意味着残废。

非洲象有灵敏的嗅觉和听觉,研究发现大象会使用次声波进行近距离交流;非洲象的鼻子前面的两个

知识小链接

欧洲人到达非洲之前，非洲大概有 800 万头非洲象。可是因为人类这 5 个世纪以来对非洲象的大规模猎杀，并侵占了它的栖息地，导致如今只剩下 40 余万头了，而且每年还有 2 万～3 万头的大象被猎杀，如今，联合国已经把大象列为世界十大最受贸易活动威胁的物种之一，并呼吁遏制象牙非法交易，并严惩偷猎行为，以免大象灭绝。

像手指般的突起物，帮助它们控制物体，非洲象的闻、吃、交流、控制物体、洗澡和喝水，都离不开鼻子。但我们不要以为它是用鼻子直接喝水的，事实它只是用鼻子吸水再喷入口中。非洲象是素食动物，食物品种包括草、草根、树芽、灌木、树皮、水果和蔬菜等。

根据基因的不同我们把非洲象分为两种：非洲草原象和非洲森林象。草原象是世界上已知的最大的陆生哺乳动物，最大的草原象肩高 4 米，体重可达 8 吨。草原象的特点是耳朵大且下部尖，不论雌象还是雄象，都有长而弯的象牙。森林象的个体要比草原象小，一般只有 2.5 米高，体型呈圆筒状，伸屈自如较为灵活。森林象有圆圆的耳朵，较直而且呈粉红色的质地更坚硬的象牙。森林象的足下肉变大，比草原象更能适应缺水的生活，平常知道节约用水，而且具备在沙漠之中寻找水源的能力。

完全野生的非洲象在死亡之后，家庭的成员会自发进行默哀，环绕着死去的大象身边静默一阵时间之后，然后分解残骸并把象牙和每一块骨头一一取走，分别埋藏在密林中不同方向和不同地方，所以很少有人会找到非洲象的残骸，尤其是象牙。

Part.03 第三章

世界上最大的动物是什么

亲爱的读者，你见过两吨重的舌头吗？从这条舌头我们可以想象出这将是多大的一个动物了吧？这就是世界上最大的动物，也是迄今为止最大的哺乳动物，是生活在海洋里的蓝鲸。

◆ 蓝鲸设计图

蓝鲸的一般体长为22～33米，体重150～180吨。一头成年蓝鲸的重量相当于25头以上的非洲象的重量之和。蓝鲸幸好是生活在海洋之中，可以依靠海水的浮水来支撑重量，而不需要像陆生动物那样费劲儿支撑体重，而且蓝鲸庞大的身躯还有助于它在水中保持恒定的体温。

蓝鲸如此庞大的身躯，以至于它的一条舌头就有2吨重，头骨3吨重，肝脏1吨重，心脏0.5吨，身体里循环的血液8吨重，而血管更是粗得可以装下一个小孩。雄性蓝鲸的睾丸竟然有45千克重。

蓝鲸的肠子如果拉

◆ 蓝鲸尾巴

知识小链接

余年之后，因为捕鲸者疯狂地猎杀，几乎使蓝鲸一度灭绝。直至国际社会 1966 年开始以禁捕来保护蓝鲸之后，蓝鲸的数量才逐渐有所上升。2002 年的一份报告，认为世界上蓝鲸的数量在 5000～12 000 头之间，而且这些数量是分布在至少 5 个族群之中。

直来计量，有 200～300 米长，心脏壁的厚度达 60 多厘米。而且蓝鲸的力量也是大得惊人，它发力时的功率有 1500～1700 马力，在动物世界中，蓝鲸是当之无愧的巨无霸和大力士。

蓝鲸的体表呈淡蓝色或鼠灰色，背部有淡色的细碎斑纹，胸部长有白色的斑点和 20 条以上的褶沟，腹部布满褶皱，并带有赭石色的黄斑。

蓝鲸的头相对较小而且又扁又平，头顶上有 2 个喷气孔，吻宽口大，嘴里没有牙齿，上颌宽而且向上凸起呈弧形，并生有黑色的须板，每侧多达 300～400 枚。

蓝鲸耳膜内积存有很多蜡，而且随着年龄的增加而增厚，人类根据蜡的厚度，可以判断它的年龄。在蓝鲸的上颌部，还有一块白色的胼胝，这儿曾经是生长毛发的地方，但后来毛发都退化了，于是就留下一块疣状的赘生物，成了寄生虫的滋生地，由于不同的蓝鲸个体有着不相同的胼胝，就像是戴着不同形状的"帽子"，所以我们可以根据胼胝把蓝鲸区分开来。

蓝鲸的背鳍特别短小，大概位于身体的 3/4 处，长度不及体长的 1.5%，只有在下潜过程中短暂可见，而且它的背鳍形状因个体不同而不同。有些蓝鲸仅有一个刚好可见的隆起，而有些蓝鲸的鳍则是醒目的镰型。

◆ 蓝鲸表演

蓝鲸的鳍肢也不算太长，约为 4 米，上方为灰色，窄边白色，下方全白，上长有 4 趾，而后缘没有波浪状的缺刻；尾巴宽阔而平扁。蓝鲸整个

世界之最大百科

身体呈流线型，看起来很像一把剃刀，所以又把蓝鲸叫成"剃刀鲸"。

蓝鲸的肺容量为5000升。当它要浮出水面呼吸时，就将肩部和气孔区域升出水面，蓝鲸升出水面的程度比其他的大型鲸类（如鳍鲸和鲳鲸）要大得多，这经常被用来识别这种海洋物种。如果海面上风平浪静，蓝鲸进行呼吸时，会喷出一道壮观的垂直水柱，一般为9米高，最高可达12米，在几千米外都可以看到水柱。

蓝鲸胃口极大，一次可以吞食磷虾约200万只，每天要吃掉4～8吨重的食物。如果腹中的食物少于2吨，它就会有饥饿的感觉。

蓝鲸捕食的过程中一次吞入大群的磷虾，同时吞入大量的海水。然后挤压腹腔和舌头，将海水经须板挤出。当口中海水排出后，蓝鲸吞下剩下的不能穿过鲸须板的磷虾。

Part.03 第三章

世界上最大的爬行动物

世界上有23种鳄鱼，其中位于湿地食物链最高层次的海鳄是最大型的鳄鱼，也是现存最大的爬行动物。

知识小链接

海鳄每年的5～6月交配，每次连续数小时，而受精仅需1～2分钟；7～8月母鳄产卵，每巢有卵50枚左右，卵径80毫米×55毫米。母鳄守伺着巢侧，并时时甩尾洒水濡巢，使巢温度保持在30～33℃。卵75～90天孵化。雏鳄出壳长240毫米，1年可达480毫米，3年可达1156毫米，重达5.2千克。

在鳄目中，因为它是颈背唯一没有大鳞片的鳄鱼，所以海鳄又被称为"裸颈鳄"。海鳄生活在热带及亚热带，原产地是泰国、马来西亚、印度等东南亚地区，如今主要分布在东南亚沿海至澳大利亚北部及巴布亚新几内亚，它是湿地动物，比如河口、红树林、沼泽等沿海或潮汐带，比起一般鳄鱼，海鳄对海水的耐受性较大。

海鳄成年后体长3～7米，体重可达1吨，它有极强的咬合力，可达1905千克，一口就能粉碎海龟的硬甲和野牛的骨头，是现今世界上咬合力最大的生物之一。

海鳄的食物品种丰富，以大型鱼类、泥蟹、海龟、巨蜥、禽鸟为食，也捕食野鹿、野牛、野猪，而在澳大利亚的海鳄，有食人纪录和

❖ 正在孵化的鳄鱼蛋

袭击船只的记录,所以海鳄又名食人鳄。

海鳄的肉可以食用,缅甸人就非常喜欢吃鳄肉。据研究发现,海鳄肉中含较高的蛋白质,其中人体所必需氨基酸含量比例适中,并且还含有对人体有利的高级不饱和脂肪酸以及多种微量元素,营养价值很高。

海鳄的肉味既有水生动物的鲜美,又有陆生动物的野香,同时还具有补气血、滋心养肺、壮筋骨、驱湿邪等诸多功效,对咳嗽、哮喘、风湿、糖尿病等都有较好的治疗效果。

海鳄的肉还有很高的药用价值,其中含有高效抗体和奇特构造的血红蛋白,可以较快地提高人体免疫力和血液摄氧能力,从而极大地提高人体的健康质量。

此外,湾鳄的卵、胆、肝、心、油、鳄尾胶、甲等都可以入药或开发为高级化妆品。鳄鱼皮更是具备很高的工艺价值,用来制作皮鞋、腰带、箱箧、手提包等,纹色美观,为珍贵的装饰革制品。

如今人类对海鳄进行广泛的人工饲养,其中1~3岁海鳄腹部的皮一般宽15~45厘米,人们把这部分的皮分成不同的档次进行出售,其中窄皮用于小的皮革制品,如手表带、钱包和皮鞋等;宽皮用于皮靴、皮箱和旅行包等。此外,湾鳄以背面皮质量较优,皮张价值高,畅销国际市场。

Part.03 第三章

动物世界的奔跑冠军

第三章 动物大观园

> 猎豹是陆地奔跑最快的动物,时速达 115 千米 / 小时。如果让人类短跑冠军和猎豹比赛百米,你猜结果会是怎样呢?

猎豹跑得快与它的身体结构有关系。猎豹的腿长,身体很瘦;而且猎豹的脊椎骨十分柔软,像一根大弹簧一样,很容易弯曲。当猎豹奔跑起来时,前肢和后肢一起发力,身体在奔跑中同时一起一伏,因此跑得非常快。而且猎豹在奔跑的时候,比如说追捕羚羊时,有时候需要急转弯,这时候它用大尾巴进行有效平衡,从而不至于摔倒。

在历史上,猎豹广泛分布于非洲大陆到亚洲南部各国,但因为人类长期狩猎,如今印度、俄罗斯、中亚等地的猎豹已经灭绝,西亚和非洲各地也很稀有。

猎豹平常栖息于丛林或疏林的干燥地区,一般独居,到了交配季节才成双成对,不过也有由母豹带领 4～5 只幼豹的小群体。

在大型猫科动物中,猎豹是最温顺的一种,除了狩猎它一般不主动攻击,容易驯养,所以古代曾经用猎豹进行助猎。

猎豹的主要食物是羚羊,它捕食的方法有两种,一是高速追击进行捕食;二是隐匿在草丛或灌木丛中伏击,等猎物接近时蹿出猎食。

◆ 猎豹

猎豹的头比较小,鼻子两边各有一条明显的黑色条纹,从眼角处一直延伸到嘴边,如同两条泪痕,这是猎豹区别于其他猫科动物的最显著特征之一,这两条黑

世界之最大百科

知识小链接

母猎豹1胎产2~5只幼仔，幼豹的成活率很低，大多数幼豹可能因食肉动物猎杀或因食物不足而饿死。每年繁殖季节过了以后，怀孕的雌猎豹个体会形成一个单独的群体，捕食、生小崽、哺乳，而后带小猎豹并教它们捕食。雄性小猎豹长大以后，会慢慢地离开雌性猎豹的群体，然后开始自己的生活。

纹有利于猎豹吸收阳光，从而使视野更加开阔。

它们的身材修长，体形精瘦，猎豹的躯干长1.2~1.3米、尾长0.6~0.8米、肩高0.7~0.9米；成年猎豹体重为30~65千克，而雄猎豹的体型大于雌猎豹。

猎豹有很长的四肢和一条长尾巴。它的毛发呈浅金色，上面点缀着黑色的实心圆形斑点，背上还长有一条像鬃毛一样的毛发。猎豹的爪子有些类似狗爪，不能像其他猫科动物一样把爪子完全收回肉垫里，而只能收回一半。

猎豹过着有规律的生活，日出而作、日落而息。早晨五点猎豹就开始外出猎食了，午间时休息。

猎豹警惕性很高，行走的时候不时停下来东张西望，既看看有没有可以捕食的猎物，同时也防止其他的猛兽捕食它。午睡的时候一般每隔6分钟起来一次，查看周围有没有危险。

猎豹虽然跑得快，但行走距离却不远，每一次它只捕杀一只猎物，一天只走5~10千米。

❖ 猎豹

❖ 猎豹

Part.03 第三章

最古老的哺乳动物

> 生活在澳洲的鸭嘴兽是世界上最原始的哺乳动物，它在2500万年前就已经出现，应该算是最古老的哺乳动物了。

鸭嘴兽的嘴和脚像鸭子，而身体与尾部像海狸，它是一种没有进化完全的哺乳动物。18世纪后期有一位生物学家收到人家寄给他的鸭嘴兽标本时，还以为这是朋友在恶作剧。

成年的鸭嘴兽有40～50厘米长，雌兽700～1600克重，雄兽1000～2400克重；它们全身长满柔软褐色的浓密短毛，像一层上好的防水衣；脑颅比针鼹的略小，大脑呈半球状，光滑无回；短小的四肢，五趾具钩爪，趾间有薄膜似的蹼，就像鸭足一样，在行走或挖掘时，蹼反方向褶于掌部。

鸭嘴兽的嘴巴很有特色，宽宽扁扁，形似鸭嘴，但有着柔软似皮革一样的质地，而且上面布满神经，可以像雷达扫描器一般，接受其他动物发出的电波。凭借这一利器，鸭嘴兽很容易在水中寻觅食物并辨别方向。它的嘴内没有牙齿，但有宽宽的角质牙龈；此外，鸭嘴兽有一个占身体长度1/4的大而扁平尾巴，游泳时起舵的作用。

鸭嘴兽平时栖息于水畔的巢穴之中，大多时间都在水里游泳。它的皮毛有油脂，能在较冷的水中仍保持身体的温暖，平常情况下鸭嘴兽的体温很低，而且能够迅速波动。

鸭嘴兽游泳时用前肢蹼足划水，靠后肢掌握方向，它以一些生活在河中

世界之最大百科

知识小链接

鸭嘴兽不是胎生而是卵生，它的繁殖是由母体产卵，然后母体像鸟类一样用自己的温度孵卵；但是，母体却用乳汁哺育幼仔。不过母体没有乳房和乳头，而是在腹部两侧分泌乳汁，幼仔在腹部舔食乳汁。鸭嘴兽这些特征违背了传统的对哺乳动物和非哺乳动物的划分，因此被定义为卵生哺乳动物，它代表爬行动物向哺乳动物进化的一个环节。

的小的水生动物为食物，并依靠电信号及其触觉敏感的鸭嘴寻找在河床底的食物。

鸭嘴兽是大胃王，它每天消耗的食物等同于自身的体重。鸭嘴兽喜欢吃一些小的水生动物，如昆虫的幼卵、虾米和蠕虫，清晨和黄昏的时候它们会在水边猎食甲壳类、蚯蚓等动物。但是因为鸭嘴兽没有哺乳动物般尖利的牙齿，所以每次逮到食物时，把食物先藏在腮帮子里，然后浮上水面，用嘴巴里的颌骨对食物进行上下夹击，之后才大口咽下。

雄性鸭嘴兽身上是有毒液的，它以此为自卫工具，这在哺乳动物中是相当罕见的。雄性鸭嘴兽的膝盖背面有一根空心的刺，在用后肢向敌人猛戳时它会放出毒液。在交配季节里，雄性鸭嘴兽以此保证自己的主导地位。雌性鸭嘴兽在刚出生时也含有剧毒，但长到30厘米时就神奇消失了。

鸭嘴兽身上有83种不同的毒素，其中有3种是鸭嘴兽所独有的，其余毒素可以在其他动物身上发现。这些毒素经过组合，可能会引起炎症、神经损伤、肌肉收缩和血液凝固等诸多症状，严重时可致人死亡。因此，在野外遭遇鸭嘴兽，绝不能掉以轻心。

鸭嘴兽历经亿万年仍可以保持这种原始的哺乳动物状态，是十分不可思议的，但这些年来，因为人们追求标本和珍贵皮毛，鸭嘴兽招至滥捕，曾经面临灭绝的危险。如今，鸭嘴兽已经被列为国际保护动物，受到全世界人们的共同关注。

Part.01 第一章

世界上最小的品种狗

> 很多人误认为小体的狗会具有更多的神经质,而茶杯贵宾犬不然,它区别于吉娃娃、博美之类的微型犬,它的性格完全是玩具贵宾犬的性格,善良、活泼、与人为善、聪明灵巧。

人们在想到世界上最小的品种狗时第一个会想到瘦小的吉娃娃,但是还有一种能放在杯子里的狗,它们才是世界上最小的品种狗。

这种狗的学名叫茶杯犬,又叫茶杯贵宾犬,最早源自美国,是一种高级的观赏宠物犬。它的体型标准在20厘米以下,体重低于1.8千克。特别是微小茶杯贵宾犬体型更加娇小,俗称"娇小"贵宾犬或"口袋"贵宾犬,它的身长不超过17厘米,体重低于1.3千克。虽然茶杯犬起源于美国,但它的发展壮大却是在亚洲的日本和韩国,如今已得到进一步的改良。

在19世纪时,一种玩具贵宾犬因为基因突变而诞生了,成为最早的茶杯犬,经美国繁殖家的培育,逐渐发展成现今的模样。茶杯犬小巧可爱,成为了众多贵宾犬爱好者的新宠。经历了半个世纪的繁殖,茶杯犬的体型基因已相对稳定,一些繁殖家为其订立了标准:体重不足1.8千克,身高不超过2.4的才算合格的茶杯犬,自从订立了标准,使人们更加容易区分茶杯犬和一般的贵宾犬。

现在比较稳定的茶杯犬种类不超过7种,分别是:茶杯贵宾、茶杯约克夏、茶杯玛尔济斯、茶杯吉娃娃、茶杯博美等。茶杯贵宾犬可以看作是玩具

◆ 茶杯犬

◆ 茶杯犬

知识小链接

我们知道了最小的品种狗了，那么你知道吉尼斯记录最小的狗吗？那就是吉娃娃了。是在19世纪左右，由墨西哥人所饲养的犬发展而来的。吉娃娃犬不仅是可爱的小型玩具犬，同时也具备大型犬的狩猎与防范本能，具有类似梗类犬的气质。此犬分为长毛种和短毛种。这种狗体形娇小，对其他狗不胆怯，对主人极有独占心。

贵宾犬的缩小版，传统的茶杯犬与一般贵宾犬的颜色无异。但近年来，除了单一色系外，在美国、加拿大、茶杯犬不同于一般小体型犬只的敏感性格，也区别于吉娃娃、博美之类的微型犬，它更多继承了玩具贵宾犬温顺、活泼、与人为善、聪明灵巧的秉性。日本、中国台湾等地开始流行花斑纹，如乳牛花，红白花等。茶杯犬的出生体重及哺乳期的生长状况与玩具贵宾犬无异，其在4个月后进入生长期，但生长相对缓慢，而长到7~8个月后就会终止生长（而一般的标准玩具犬和迷你贵宾犬，其出生后的4~8个月正是它们的快速生长期，8个月后才进入缓慢生长阶段）。

茶杯犬的生理发情期比玩具贵宾犬在整体上会推迟及延长。其首次发情通常会在12个月以后，一般在14~16个月之间，最晚的则要等到18~19个月。茶杯犬的发情间隔通常在7~8个月之间。由于茶杯犬的体型细小，导致它们生育的次和量都不多。一般每胎1~2只，一生只能生产3~5次，而且一般需要借助人工帮其分娩。

◆ 茶杯犬

Part.01 第一章

世界上最稀有的鸟

世界上最稀有的鸟可能就是斯比克斯鹦鹉，它又名小蓝金刚鹦鹉。分布于巴西东北部。目前，该鹦鹉已经没有野外种。

斯比克斯鹦鹉身长56厘米，翼展64厘米，体重295～400克，寿命28年。体羽大部分为暗蓝色，前胸和腹部带点亮绿的色调，背部和尾巴上方为深蓝色，眼睛附近的裸皮和脸颊为暗灰色，耳羽和前额附近的羽毛为浅蓝灰色，尾巴和翅膀内侧的羽毛为暗灰色，鸟喙为黑色，虹膜为黄色。

自从20世纪90年代这个品种的鹦鹉被人们发现后，有关方面及政府都做了大量努力对它进行保护，然而这种鹦鹉如今已走到了濒临灭绝的边缘。小蓝金刚鹦鹉的大量减少在很大程度上是由于不法商贩的非法狩措造成的。

❖ 斯比克斯鹦鹉

到了1986年，世界上居然只剩下3只野外的斯比克斯鹦鹉（一对繁殖对鸟和一只孤鸟）。到1987年5月，野外只剩下那对斯比克斯鹦鹉对鸟，另外那只孤鸟已经被盗猎者抓走了。同年12月，盗猎者居然又抓走了对鸟中，以至于全世界

❖ 斯比克斯鹦鹉

第三章 动物大观园

世界之最大百科

知识小链接

金刚鹦鹉产于美洲热带地区，是色彩最漂亮、体型最大的鹦鹉之一。属大型攀禽。原生地是森林，特别是墨西哥及中南美洲的雨林。以果实和花朵为食，食量大，易接受人的训练，寿命最长可达80年。

野外只剩下一只公鸟。

巴西政府和一些国际保护组织决定把一只雌斯比克斯鹦鹉放到野外跟这只公鸟配对繁殖。母鸟很快就适应了野外生存，并跟公鸟相处得很好。1995年，母鸟被野放的两个月后，撞在输电线上身亡了。野外那只公鸟又得孤零零地生活了。后来它竟然找了一只野生的雌紫蓝金刚鹦鹉当伴侣，在1999年终于顺利孵化了两只幼雏。同年一位鸟类收藏家同意提供5只年轻的鸟（3母2公）野放到野外，希望未来有一天能够和野外的斯比克斯鹦鹉交配继续延续它们在野外的种族，同时也希望野外的那只公鸟能够成为这些年轻鸟儿的老师，教导它们在野外生活的技巧。

2000年10月，悲剧又再度发生，野外最后存活的那只公鸟失踪了，不知被盗猎者抓去还是被掠食者捕杀，从此再没有人看过它的踪迹！

❖ 斯比克斯鹦鹉

第四章
人文大放送

人文是一个动态概念。中国《辞海》说"人文指人类社会的各种文化现象"。而从文艺复兴的历史看,人文指的是重视人的文化。而在这里我们想要告诉大家的是一段历史和文化。

Part.04 第四章

第一个飞天英雄

随着我国的神舟系列载人飞船步入太空,我们越来越多地了解了地球之外的世界。那么你知道世界上第一个进入太空的地球人是谁吗?

世界上第一名进入太空的地球人是苏联的航天员尤里·阿列克谢耶维奇·加加林。

加加林出生于苏联斯摩棱斯克州格扎茨克区的克卢希诺镇一个集体农庄庄员家庭。1955年从萨拉托夫工业技术学校毕业后参军。1957年在契卡洛夫第一军事航空飞行员学校结业,成为红旗北方舰队航空兵歼击机飞行员,1960年被选为航天员,加入苏联共产党。

◆ 尤里·阿列克谢耶维奇加加林

加加林入选成为世界上第一个宇航员并不容易,可想而知,这是一个相当严格的选拔过程,1959年10月,苏联展开了首位宇航员的选拔,共有3400多名35岁以下的空军飞行员报名参加,加加林脱颖而出,成为了入选的前20名之一。随后加加林参加了在宇航员训练中心的培训,再一次脱颖而出,原因无疑是

多方面的，但其中一个略带传奇性色彩的原因，是在确定人选前一个星期，主设计师科罗廖夫发现 20 个备选飞行员中，只有加加林在进入飞船前脱下鞋子，只穿袜子进入座舱，这使他赢得了科罗廖夫的好感。

◆ 纪念加加林的雕像

科罗廖夫说脱鞋虽然是生活和工作的一个小细节，但这个细节却能折射出一个人的严谨和敬业精神。他感觉到加加林是一个懂规矩而且珍爱他为之倾注心血的飞船的人。结果，细节决定成败，加加林因此成了世界上第一个宇航员，并成了人类历史上第一个进入太空的人。

经历了严格的选拔赛和艰辛的培训之后，1961 年 4 月 12 日，莫斯科时间上午 9 时零 7 分，加加林乘坐东方 1 号宇宙飞船从苏联的拜克努尔发射场起航，在最大高度为 301 千米的轨道上环绕地球一周，历时 1 小时 48 分钟，并于当天上午 10 时 55 分安全返回，

世界之最大百科

知识小链接

加加林的死亡成谜,有人怀疑说会不会是勃列日涅夫政权谋杀了加加林?因为加加林与他进行历史性太空飞行时代的苏联领导人赫鲁晓夫关系甚好,可是与勃列日涅夫的关系要冷淡得多。而勃列日涅夫厌烦了加加林经久不衰的盛名,觉得自己总是笼罩在加加林的阴影之下,因此人为谋杀了加加林?不过这也只是一个猜测而已。

降落在萨拉托夫州斯梅洛夫卡村地区,圆满完成了世界上首次载人宇宙飞行,实现了人类进入太空的愿望。

加加林驾驶的东方1号飞船成为世界上第一个载人进入外层空间的航天器,就在他108分钟的飞行过程中,加加林由上尉荣升为少校。

莫斯科以极其隆重的仪式欢迎凯旋的航天英雄:礼炮在轰鸣,欢腾的人群在喊叫,豪华的护送队,为加加林加冕大大小小的国家勋章。全世界都对加加林完成的这次史无前例的宇宙飞行而挥手致敬。

在这次历史性的飞行之后,加加林荣获列宁勋章并被授予"苏联英雄"和"苏联宇航员"称号,并多次出国,先后访问过27个国家,22个城市授予他"荣誉市民"称号。

1962年,加加林当选为苏联第六届最高苏维埃代表,1964年11月又担任了苏联—古巴友好协会理事会主席。

不幸的是,1968年3月27日,加加林和飞行教练员谢廖金在一次例行训练飞行中,因双座喷气式飞机的坠毁而罹难。

❖ 加加林的纪念堂

Part.04 第四章

美国版嫦娥登月

第四章 人文大放送

"这是一个人的一小步,却是人类的一大步。"说这话的人是人类历史上第一个登上月球的尼尔·阿姆斯特朗。

尼尔·阿姆斯特朗（1930—2012）出生于美国俄亥俄州的瓦帕科内塔,他6岁时第一次乘坐飞机,青少年时期上过飞行课,并早早地取得了飞行执照,而那时候他还不到合法开车的年龄。

1947年,阿姆斯特朗进入印第安纳州拉斐特的普度大学,学习航空工程并成为海军后备飞行军官。1950年,他在韩国进行了78次战斗任务飞行,被击落一次,三次获得空军勋章。

1955年,25岁的阿姆斯特朗加入太空总署,成为一名非军职的高速试飞员。当时阿姆斯特朗可以驾驶以超音速飞行的X-15尖端研究飞机,他曾经飞过了80千米的高度,而这个高度当时被认为是未来宇航员必备的业绩。

1958年,阿姆斯特朗成为"双子星5号"任务的预备正驾驶。1966年3月16日,阿姆斯特朗作为"双子星8号"的正驾驶,进行了历时10小时41分

❖ 尼尔·阿姆特朗登月

26秒的首次太空飞行，这次行动包括首次与另一架宇宙飞船在轨道自动导航的阿金那目标火箭对接。阿姆斯特朗成功使阿金那火箭与宇宙飞船分离并坠入太平洋，这是美国宇宙飞船首次紧急着陆。在这一年的后期，阿姆斯特朗成为"双子星11号"的预备正驾驶。

1969年7月16日9时32分，装载着阿波罗11号的土星5号火箭在肯尼迪航天中心发射升空。飞船在环绕地球一圈半之后，第三级子火箭点火，使飞船加速到10.5千米/秒，并进行月球转移轨道射入，让阿波罗11号进入地月轨道。30分钟之后，指令服务舱从土星5号分离，并旋转180°与第三级火箭内的登月转接器中的登月舱连接。

1969年7月19日，阿波罗11号经过月球背面，很快点燃了主火箭使飞船减速进入了月球轨道。在环绕月球的过程中，包括阿姆斯特朗在内的首次登月的三名宇航员在空中辨认出了计划中的登月点：宁静海南部，它在Sabine D环形山西南20千米处。

选择这个被阿姆斯特朗称为"静海基地"的登陆点，是因为来自游骑兵8号、勘察家5号以及月球轨道器提供的信息说这里比较平整，因此不会给降落和舱外活动制造太多困难。

> **知识小链接**
>
> 1969年7月20日，全世界的数亿观众在电视机屏幕前见证了阿姆斯特朗在月球表面首次留下人类足迹这一伟大时刻。阿姆斯特朗过世之后，奥尔德林发表声明，对老友逝世表示悲痛："每当我仰望月亮，都会想起40多年前的时刻。在那个时刻，我知道尽管我们两个人远离地球，但我们并不孤单，事实上全世界都在与我们同行。"

❖ 尼尔·阿姆斯特朗会见奥巴马

1969年7月21日凌晨2时56分，阿姆斯特朗的左脚先踏上了月球，随之奥尔德林也踏上了月球，两个宇航员在月表活动了两个半小时，并用钻探取得了月芯标本，采取了一些月表岩石标本，并拍摄了照片。

1969年7月24日，宇航员返回地球并受到了英雄般的欢迎。1969年9月16日，阿姆斯特朗等三名宇航员在国会山举办的参众两院联席会议上发表演讲，并向众议院和参议院分别赠送了一面随他们登月时的美国国旗。

1999年7月20日人类首次登月30周年纪念日之际，美国在华盛顿航空航天博物馆举行纪念仪式，戈尔副总统将"兰利金质奖章"授予首次登上月球的尼尔·阿姆斯特朗、埃德温·奥尔德林和迈克尔·柯林斯。

2012年8月25日，阿姆斯特朗去世，享年82岁。其家人在一份声明中称：阿姆斯特朗死于8月初心脏搭桥手术后的并发症。

❖ 尼尔·阿姆斯特朗逝世

世界之最大百科

Part.04 第四章
游泳距离最长的人

> 斯洛文尼亚人马丁·斯特莱尔，保持了世界上耐力最好、户外游泳距离最长的头衔。

马丁先后用了10年的时间，纵游过德国多瑙河、美国密西西比河和中国长江，最令人惊叹的是，他在66天内不间断地游完了世界第二长河——长达5268千米的南美洲的亚马孙河。

马丁的下一个目标是想用游泳的方式来环"游"世界，这个壮举如果能完成，这无疑堪称世界之最。他的经历被拍摄成一部名为《大河人》的电影，该影片主要讲述的就是马丁的传奇经历。

他在纵游亚马孙河时创造了人类历史上最长距离的耐力游泳壮举，也是马丁第四次打破最长游泳纪录。

马丁从6岁就开始自学游泳，1978年放弃了他喜爱的音乐专业，正式成为一名职业马拉松游泳运动员。1997年，他横渡英吉利海峡成功，2000年，他只用了58天就游完长3004千米的多瑙河，创造了目前长距离游泳的世界纪录。同时马丁也是世界上第一位从发源地到入海口游完多瑙河全程的人，也因此，他第一次被载入了世界吉尼斯纪录。

第四章 人文大放送

知识小链接

游泳运动是男女老幼都喜欢的体育项目之一。1869年1月，在伦敦成立了大城市游泳俱乐部联合会，并把游泳作为一个专门的运动项目正式固定下来。并随之传入各英殖民地，继而传遍全世界。

马丁再次挑战多瑙河是在2001年7月。他84小时10分钟内在多瑙河中不间断游了504千米，又一次创造了世界纪录。2002年7月4日，马丁用65天游完了美国密西西比河；2004年6月10日，他用50天的时间，在中国长江中游了4003千米。

马丁称，在游亚马孙河期间，他每天喝两瓶葡萄酒和一些啤酒，以使自己保持旺盛的精力，减轻压力。因为当地炎热的天气，马丁一度患上登革热，出现了脱水、发烧、腹泻和抽筋的现象。剧毒的狼蛛或蝎子从树上掉落到头上，5米多长的水蟒和鳄鱼从身前游过，这些都没有使马丁退缩。真正让他害怕的东西都潜伏在水下，大的是号称地球上最危险的牛鲨，小的是食人鱼，更小的是只有几厘米长、几乎看不到的寄生鲶鱼。有好几次，马丁都因为两腿被食人鱼咬伤，而上岸躲一躲。

为了保证他的安全，随行的医疗小组准备了应急措施。他们往水里倒一盆猪血引开这些水中杀手，或者在他身上涂满汽油和有异味的油脂再下水。

如今，赢得辉煌成绩的马丁被斯洛文尼亚人视为民族英雄，并获得了"鱼人"的绰号。马丁的下一个目标是什么呢？他说："也许我将用游泳的方式环游世界。"

❖ 马丁成功游完多瑙河

Part.04 第四章

最有效的杀虫植物

除虫菊为菊科多年生草本植物，原产于欧洲，因其具有杀虫成分而得名，它也是目前世界上唯一集约化栽培的杀虫植物。

除虫菊花朵的除虫菊素和灰菊素含量达 0.6%～1.3%，除虫菊素又称除虫菊酯，会麻痹蚊虫的神经。昆虫接触除虫菊素后 1~2 分钟内即出现过度兴奋，运动失调，迅速被击倒和麻痹。但亦有部分昆虫可于 1 天后复苏。除虫菊是典型的神经毒，直接作用于可兴奋膜，干扰膜的离子传导，主要影响神经膜的钠通道，使兴奋时钠传导增加的消失过程延缓，致使跨膜钠离子流延长，引起感觉神经纤维和运动神经轴突反复活动，短暂的神经细胞去极化和持续的肌肉收缩。高浓度时则抑制神经膜的离子传导，阻断兴奋。

除虫菊是一种多年生或两年生草木，株高

知识小链接

除虫菊还可用于皮肤病"疥癣"的治疗，并用于小儿"打虫药"的配方中。从除虫菊中提取的杀虫药——除虫菊酯因其无公害的特点在国际市场供不应求，除虫菊是有机食品、绿色食品种植首选生物杀虫药剂。

30~80厘米，全株灰绿色，披绿色细毛。主根圆锥形，侧根多，细长呈须状，淡褐色。茎多分枝。叶长椭圆形或卵圆形，先端尖锐；基部叶有长柄，上部叶近乎无柄。夏季开花，头状花序单生枝顶，直径约3厘米；舌状花白色，先端3裂，中部管状花黄色，5裂；瘦果窄倒圆锥形，长约4厘米，具4~5条棱，光滑或具腺点。

除虫菊既有较高的经济价值又有观赏价值，用它作为室内驱除蚊、蝇的观赏盆景产业发展，其经济效益也很可观。它根、茎、叶、花等都含有毒虫素物质，是用来配制各种杀虫剂的好原料，是蚜虫、蚊蝇、菜青、棉铃等害虫的死敌。用除虫菊叶做的蚊香，可以杀蚊驱蝇，对臭虫、虱子及跳蚤均有特效。

除虫菊无疑是最环保的除虫药的来源，它不污染环境，更不会对生态平衡造成影响，昆虫对其无抗药性，最大的优点是对人畜家禽无毒害，因此它具有广阔的应用前景。

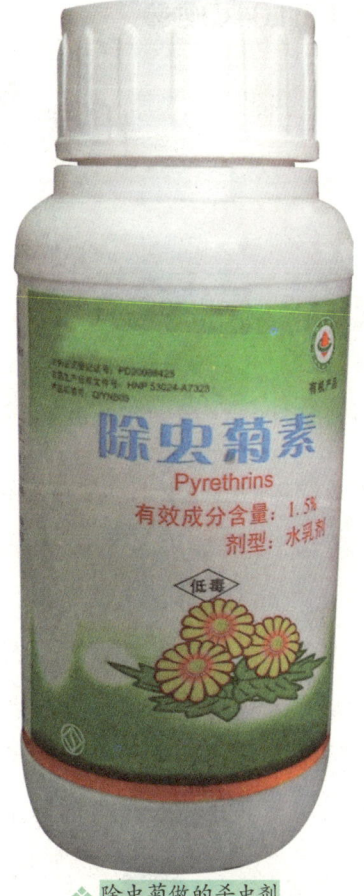
❖ 除虫菊做的杀虫剂

❖ 除虫菊

Part.04 第四章

世界第一高的人

身高 2.465 米的苏尔坦·科森，拥有 27.5 厘米的手和 36.5 厘米的脚，被吉尼斯纪录认为"世界第一高人"。

苏尔坦出生于土耳其东部的小镇马尔丁，是家中 5 个孩子中的老二，他的兄弟和妹妹都是正常身高。而他的异常身高是因为他在 10 岁那年身体内长了个肿瘤，导致脑垂体释放过多生长激素使他长成了"巨人"。直到手术切除肿瘤他才停止了生长。目前苏尔坦必须借助手杖和轮椅的帮助才可以正常行走。

❖ 世界第一高：苏尔坦

因为身高的原因，苏尔坦不能跟正常孩子一样求学，也没有工作，甚至找不到女朋友，苏尔坦说自己最大的心愿是找到女朋友结婚生子，另外还希望可以找到一辆坐得进去的小汽车。

苏尔坦于 2009 年 9 月 16 日获得"世界第一高人"的称号，手脚长度创下了世界

之最，超过了原来的第一高人——2.36米的中国男子鲍喜顺。苏尔坦在接受土耳其媒体采访时表示自己非常高兴，虽然身高给生活带来了许多不便，但能为祖国带来世界性的荣誉还是感到十分骄傲。苏尔坦的家人也十分激动，他的父亲说希望这一称号可以让他的儿子生活得更幸福。

"世界第一高人"的称号令苏尔坦一夜成名，许多国家向苏尔坦发出了访问邀请，苏尔坦在出访时，被安排坐在飞机的头等舱，住最好的酒店，睡最大的床……而盖莱特（吉尼斯世界纪录官方仲裁员）透露说科森目前的行程被安排得挤不出空来，19日前往纽约，23日后又要前往奥地利、法国、葡萄牙和西班牙等10个国家。

到了适婚年龄的科森因为过于"高大"，一直没有交过女朋友，没有谈过恋爱，他说女孩子见到他的第一个反映就是恐惧，因为他实在太高了。所以苏尔坦说他希望可以凭借"世界第一高人"的声望，找到真正爱他的女孩子，希望可以早日结婚成家。

> **知识小链接**
>
> 英美两国科学家宣布已找到可以解释身高差异原因的"身高基因"。而他们认为只要对这种基因的DNA密码进行稍微调整，就可以让人按需要长高或变矮。另外也有科学家认为一个人的身高由多种基因共同作用而决定，而新近发现的"身高基因"对人类身高仅仅起到0.3%的作用。

❖ 身高2.465米的苏尔坦

Part.04 第四章
最伟大的发明天才爱迪生

世界上最伟大的发明家，毫无疑问是美国的爱迪生（1847—1931年）。据统计，爱迪生的一生拥有1093项发明专利。

在爱迪生的发明专利中，公众最熟知的有留声机、电灯、电报、电影等。此外，他在矿业、建筑业、化工等领域也有不少的创造和真知灼见。可以说，爱迪生和他的公司员工为人类的文明和进步做出了卓越的贡献。

❖ 留声机

爱迪生的第一项发明专利是1868年的自动记录投票数的装置，这一年他以报务员的身份来到波士顿，这一项发明会加快国会的工作，但国会议员却认为慢慢投票是政治的需要，因此这一项发明并不需要，这使爱迪生决定从此以后他再也不做人们不需要的发明创造。

1869年6月，爱迪生离开波士顿来到纽约，他在找工作时正好碰到了办公室电报机坏了，而爱迪生是唯一能修好电报机的人，由此他谋得了一份理想的工作。当年10月，爱迪生与波普成立了"波普——爱迪生公司"，专门经营各种电气工程的科学仪器。

此后，爱迪生发明了"爱迪生普用印刷机"并把它卖给华尔街的一家大公司，戏剧性的是这台爱迪生想要索价5000美元的机器，因为说不出口所以让经理自己给价，结果经理给了4万美元。

爱迪生拿了这笔钱之后在新泽西州的纽瓦克市建了一座工厂，位于沃德街，工厂专门制造各种电气机械，在此爱迪生辛勤工作并培养了许多能干的助手，而且也遇到了他的第一任妻子玛丽。在这个工厂里，爱迪生发明了蜡纸、油印机等。而1872~1875年间先后发明了二重电报机和四重电报机，同时还协助别人制造了世界上第一架英文打字机。

1879年，创办"爱迪生电力照明公司"，白炽灯于1880年上市销售；到1890年时，爱迪生把各种业务进行了组合，建成了爱迪生通用电气公司；1891年，爱迪生发明的细灯丝、高真空白炽灯泡先后获得专利。

❖ 爱迪生

爱迪生并不是理论科学家，但他在理论上亦有重大的科学发现。1882年爱迪生发现：在接近真空的状态下，电流可以不通过彼此接触的电线之间通过，这一现象被称为爱迪生效应。它是一个重大的发现，具备重要的理论意义，而且还在实际应用中起到了重要的作用，最终导致真空管和电子工业的成立。

1929年10月21日是电灯发明的50周年，人们举办了盛大的庆祝会，著名科学家爱因斯坦和居里夫人等也向爱迪生表示庆祝，但爱迪生在致答谢辞的时候，因为过分激动而昏厥，此后身体每况愈下，1931年10月18日的凌晨3时24分，爱迪生在他新泽西的西奥兰治镇的家中离世，享年84岁。

❖ 电报机

第四章 人文大放送

世界之最大百科

知识小链接

爱迪生有一句名言:"天才就是百分之九十九的汗水加百分之一的灵感。"这句名言后面还有:"但那1%的灵感是最重要的,甚至比那99%的汗水都要重要。"为什么我们一般只知道前一句呢?可能与中国的教育理念有关,因为传统的中国教育崇尚"学海无涯苦作舟"。

为了纪念这位为人类社会进步而做出伟大贡献的发明家,美国政府下令全国停电1分钟:1931年10月21日6时59分,好莱坞和丹佛熄灯;7时59分,美国东部地区停电1分钟;8时59分,芝加哥的有轨电车及高架地铁停止运行,而从密西西比河流域到墨西哥湾陷入了一片黑暗;纽约自由女神手中的火炬于9时59分熄灭……

在这短短1分钟里,美国仿佛又回到了煤油灯和煤气灯的时代。而1分钟过后,从美国东海岸到西海岸又是一片灯火通明……

◆ 熄灯一小时活动

Part.04 第四章

最早登上珠峰的勇士

"我们不知道人类是否会登顶世界之巅，所以我们使用了氧气，到了顶峰后，我们也不知道是否能够下来。"

这是世界上最早登上第一高峰的登山家埃德蒙·珀西瓦尔·希拉里爵士（1919.7.20—2008.1.11）在从珠峰下来之后，回忆当时的感觉所说的话。

希拉里爵士1919年出生于新西兰的奥克兰，他从小就喜欢包括登山在内的各种探险活动，而中学时就已经开始了他登山探险的实践历程。

1953年5月29日，时年34岁的希拉里和他的同伴丹增一起，从尼泊尔一侧（即珠穆朗玛峰的南侧）开始攀登，而后在人类历史上第一次站在了世界之巅，从珠峰下来后希拉里有一句名言："我们打败了这狗娘养的。"这句粗俗的话代表了当时的探险界对于世界第一高峰又恨又爱的诸多复杂情绪。

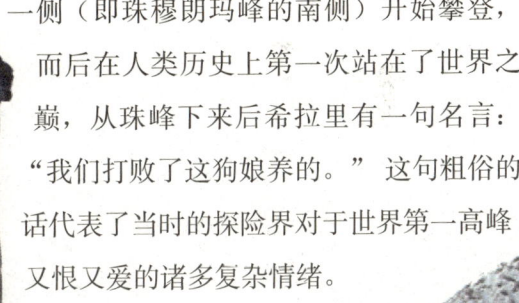

世界之最大百科

除了珠峰之外，希拉里还登上了喜马拉雅山脉所有的11座高峰，而这些高峰的海拔都在6000米以上。

1958年，希拉里独自穿越了南极，这一壮举是他又一次成功的冒险经历；1975年，希拉里沿恒河溯源而上，这一神圣之旅为他在印度赢得了极高的声誉；20世纪90年代，希拉里完成了为联合国儿童署和联合国野生动物保护协会筹资的环球旅行。

希拉里就他的登山与探险经历完成了一部书，而且还获了奖，但希拉里说："我不认为我是个十分伟大的作家，就描写我的登山生涯而言，我只是觉得自己是一个称职的作者。"

❖ 阿尔卑斯山脉

❖ 珠穆朗玛峰

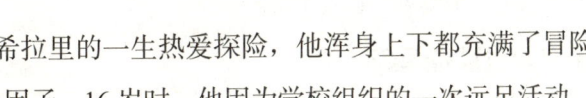
❖ 希拉里

希拉里的一生热爱探险，他浑身上下都充满了冒险因子。16 岁时，他因为学校组织的一次远足活动，对登山产生了兴趣。当时他们来到了远离家乡的国家公园，那里的冬天到处都是雪，而这是希拉里第一次看到雪，小希拉里在那里待了 10 天，每天爬山和滑雪。

这之后，希拉里参加了当地的登山俱乐部，经常与朋友们一起去周围的山区行走和露营，他发现自己要比其他人更加强壮，而且更精力充沛，因此他经常负责帮助队伍中的女孩登上更陡峭的山坡，或者爬到树上观察队伍所处的位置……

希拉里只上了两年大学就退学了，然后与父亲一起在家养蜂，这种体力工作进一步增强了他的体能，但却令他感觉到乏味和枯燥，一种跳出常规生活和挑战自我的念头，如同野草一般在他心中疯狂生长着。1939 年第二次世界大战爆发，希拉里申请加入空军，却被告知一年以后才能入伍受训，希拉里感觉到沮丧，他觉得自己不堪忍受这种平凡的 300 多天，因此决定参加南阿尔卑斯山的旅行。

在这次旅行中，他遇到了两个爬完库克峰（新西兰境内阿尔卑斯山最高峰）的小伙子，他们的生活令希拉里充满了羡慕，他觉得这可能才是自己想要的生活。于是希拉里决定要效仿他们，第二天一早他就只身前往南阿尔卑斯山的奥利弗峰，这是一座 3000 多米的山峰，虽然海拔不高，但却是希拉里有生以来过得最刺激和最兴奋的一天，由此攀登珠峰的念头在他内心里开始萌芽并生长。

从空军退役之后，希拉里加入了新西兰阿尔卑斯俱乐部，利用一切时间为自己攀登珠峰的理想而做准备，他在不同的季节里去攀登南阿尔卑斯山，从不间断练习攀岩和攀冰，最终希拉里成功了。

> **知识小链接**
>
> 珠穆朗玛峰，简称为珠峰，这是藏语翻译过来的，意思是"大地之母"。尼泊尔称之为萨加马塔峰或埃非勒斯峰（Everest），意思是"天空之女神"。它位于我国和尼泊尔交界的喜马拉雅山脉之上，高度 8844.43 米，是世界第一高峰，终年积雪，是我国最美的、最令人震撼的名山之一。

世界之最大百科

Part.04 第四章
法兰西之传奇战神

当之无愧的欧洲战神拿破仑·波拿巴，1769年出生于科西嘉岛的阿雅克肖城，他的一生充满了各种传奇性色彩。现在让我们循着历史的痕迹去认识这个传奇的战神。

拿破仑的家庭是意大利贵族世家，而法国购买科西嘉岛之后，法国王室就承认拿破仑的父亲是法兰西王国贵族。

拿破仑10岁那年，按照父亲卡洛·波拿巴的安排，进入了法国布里埃纳军校，1784年以优异的成绩毕业，并被选送往法国皇家陆军学院专攻炮兵学。

1795年，在镇压保王党战役之中，拿破仑一战成名，荣升为陆军中将兼巴黎卫戍司令，从此立足于军界和政界。

作为出色的军事家，拿破仑的军事知识相当扎实，并善于将各种军事策略运用到实战之中去，尤其是火炮的集中使用及骑兵的机动作用这两方面。1796年3月2日，年仅26岁的拿破仑就被任命为法兰西共和国意大利方面军总司令，3月9日他与约瑟芬·博阿尔内结婚之后就匆匆奔赴前线。

在意大利期间，拿破仑的军队多次击退了由奥地利帝国的维尔姆泽将军与萨丁和博利厄组成的第一次反法同盟联军，并最后迫使对方签署了有利于法兰西共

❦ 拿破仑陵寝建筑

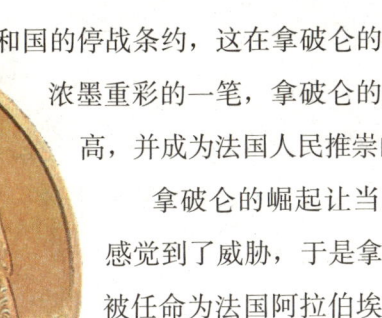
❖ 拿破仑加冕

和国的停战条约,这在拿破仑的军事史上是浓墨重彩的一笔,拿破仑的威信越来越高,并成为法国人民推崇的新英雄。

拿破仑的崛起让当时的督政府感觉到了威胁,于是拿破仑这一次被任命为法国阿拉伯埃及共和国军(东方军)司令,并被派往东方抑制英国在这一地区势力的扩张。

1798年拿破仑率军远征巴黎,虽然在陆地战中取得了全盘的胜利,但是拿破仑的舰队却被英国的纳尔逊海军中将完全摧毁,使拿破仑的部队困在了埃及;而在进军叙利亚时,法国军队遭受到了重重困难,还出现了瘟疫,并在阿克尔城堡严重受阻,不得不于5月17日返回埃及。

1799年拿破仑回国时,400艘军舰只剩下2艘,而侵略印度的计划也因此受阻,人员损失惨重,远征埃及是拿破仑军事史上的一大失败,拿破仑在圣赫勒拿岛的回忆录中写道"如果阿克尔早日陷落,我当改变世界面目",并认为"东方的命运决定于那个小镇"。

拿破仑从埃及回法国的时候,欧洲反法联盟已经逐渐形成,法兰西共和国国内保王党势力也逐渐上升,因此1799年10月回到法国的拿破仑被巴黎人民当成了法国的"救星"来欢迎。11月9日,拿破仑发动了"雾月政变"并获得了成功,从此成为法兰西共和国的第一执政,成为法国实际上的独裁者。1802年8月,拿破仑修改共和八年宪法,改为终身执政。

1804年11月6日由公民投票通过共和十二年宪法,并把法兰西共和国改为法兰西帝国,拿破仑·波拿巴成为法兰西人的皇帝,称

❖ 拿破仑画像

115

拿破仑一世。同年 12 月 2 日正式加冕。

在位期间，拿破仑时刻想要征服欧洲，使法国统治欧洲大陆。而历经多年的征战，欧洲大陆只有俄国没有被法国控制，因此拿破仑发动了对俄罗斯的战争，想在征服俄国之后再征服英国，而远征俄罗斯却因为寒冬而彻底失利，法兰西第一帝国元气大伤，并日渐衰落，这时候的法国不得不面对曾经被迫臣服的整个欧洲。以俄罗斯为首的反法同盟来势汹汹，并于 1814 年占领巴黎，拿破仑被迫退位，被流放到地中海的小岛厄尔巴岛。

> **知识小链接**
>
> 拿破仑有一句关于军事的名言："所谓军事指挥艺术，就是当自己的兵力数量实际上居于劣势时，反而能在战场上化劣势为优势。"当他晚年囚禁在圣赫勒拿岛时，口述了关于战争的回忆，又综合了几部著作的摘要，合订而成了《拿破仑文选》，这是拿破仑军事生涯的军事文选，详细记述了拿破仑指挥的多次战役，具有很高的军事价值。

1815 年 2 月 26 日拿破仑逃出厄尔巴岛，并收拢了许多法国军队，开始了"百日王朝"，但欧洲各国迅速组成了第七次反法同盟，以 70 万人的军队对抗法国 28 万人的军队，1815 年 6 月 18 日滑铁卢战役打响了这场决定拿破仑命运的世纪大决战。本来法军在战争中一度占了上风，但由于普鲁士军队的加入，最终法军惨败，"百日王朝"因此告结。

拿破仑又一次宣布退位，并被英国人流放到圣赫勒拿岛，1821 年 5 月 5 日拿破仑在该岛上逝世，5 月 8 日落葬于岛上的托贝特山泉。拿破仑的死亡至今成谜，英国医生的验尸报告认为拿破仑死于严重的胃溃烂，而新的研究认为拿破仑死于砷中毒。

Part.04 第四章

难得"糊涂"的航海家

第四章 人文大放送

人们总是说："哥伦布是第一个发现美洲的人。"可哥伦布并不承认他发现的是美洲，他认为自己是来到了亚洲。这是哥伦布的"难得糊涂"吗？

作为美洲大陆的发现者，克里斯托弗·哥伦布1451年生于意大利热那亚，他是马可·波罗的崇拜者，并深信地圆学说，从小就立志成为航海家。1492~1502年的10年间，哥伦布在西班牙的资助下四次横渡大西洋，并到达美洲大陆，最终成为地理大发现的先驱者，以及名垂青史的航海家。

因为《马可·波罗游记》的影响，哥伦布十分向往印度和中国，为了一圆

❖ 哥伦布

自己的航海梦，哥伦布先后向葡萄牙、西班牙、英国、法国等国请求资助，希望实现自己由西航行到达东方国家的梦想。

但当时地圆学说虽然盛行于世，可在理论上仍旧不完备，因此许多人不相信地圆学说并视哥伦布为江湖骗

知识小链接

哥伦布发现美洲大陆是欧洲历史乃至人类历史上一个重大的转折点，15世纪的欧洲人口膨胀，发现美洲大陆使欧洲人得以通过殖民转移自己的人口，并抢占美洲的土地、矿石和原材料；但哥伦布发现美洲大陆却使美洲的印第安文明遭至了毁灭，原住民的土地沦丧，文化和生活方式逐步消亡，而原住民也因为欧洲人的剥削和掠夺而大量死亡。

117

子。曾经有人问哥伦布:"即使地球是圆的,向西航行可以到达东方,回到出发港,那么有一段航行必然是从地球下面向上爬坡,帆船怎么能爬上来呢?"对于这样的问题,哥伦布不能解答。

西方国家对东方的物质财富需求除了传统的丝绸、瓷器、茶叶之外,还有香料和黄金。尤其是香料是欧洲人起居生活和饮食烹调必不可少的材料,所以有很大的需求量,

❖ 伊莎贝拉

当时这些商品是由传统的海、陆联运商路进行运输售卖的,所以经营这些商品的传统既得利益集团也极力反对哥伦布开辟新航路的计划,害怕影响了自己的利益。

哥伦布的航海计划一再碰壁,他游说十几年,直到1492年西班牙女王伊莎贝拉慧眼识英雄,支持了哥伦布的计划。在哥伦布发现美洲之前,葡萄牙人已经控制了由欧洲到达亚洲的最近的路途(航线),所以哥伦布不得不重新选择新的航线。

受西班牙女王的派遣,1492年8月3日,哥伦布率领3艘100吨的帆船,带着女王给印度君主和中国皇帝的国书,从巴罗斯港扬帆驶出大西洋,向正西方向航行。

70天之后,1492年10月12日,船队发现了陆地,而哥伦布以为这是印度。并把他登陆的地方命名为

❖ 巴塞罗那·哥伦布之柱

圣萨尔瓦多（救世主之意），而以后人们才知道，这块土地隶属于现在中美洲加勒比海中的巴哈马群岛。哥伦布的这一发现拯救了刚刚兴起的欧洲，改变了世界历史，但也给其他大洲带去了灾难。

1493年3月15日，哥伦布回到西班牙，而后又三次重返美洲，登上了美洲的许多海岸，直至1506年哥伦布逝世，哥伦布一直以为自己到达的土地是印度。

后来，意大利学者亚美利加沿着哥伦布的航线，经过了再三的考察，最后认定哥伦布到达的地方并不是印度，而是欧洲人所不知道的新大陆，这块新大陆被命名为"亚美利加洲"。

所谓新大陆，并不是真正意义上的新大陆，而仅仅是对哥伦布和西方人在认知意义上的新大陆。美洲早就有了原住民——印第安人，在哥伦布发现美洲的时候，那里已经拥有了几千万的居民。

而这些原住民是什么时候到达美洲的呢？据考证，4万年前就有亚洲的居民通过白令海峡到达美洲，或者通过冰封的海峡陆桥过去；还有一部分原住民可能是中国、大洋洲的先民通过航海到达美洲的。

但哥伦布发现美洲仍旧具有重大的历史意义，对于当时的世界造成了巨大的影响，也成为人类历史发展的重要转折点。

Part.04 第四章

东方兵圣——孙子

> 兵圣有东方与西方之分。东方兵圣是《孙子兵法》作者孙武,西方兵圣则是《战争论》的作者克劳塞维茨。

但作为兵书,《孙子兵法》比《战争论》早2000年,而且《战争论》在成就上又远远逊色于《孙子兵法》,我们有理由认为东方兵圣的成就远远凌驾于西方兵圣之上。

❖ 孙子

《孙子兵法》又被称为《孙武兵法》《吴孙子兵法》《孙子兵书》《孙武兵书》等,是世界上第一部军事理论著作,是世界三大兵书之一,被誉为"兵学盛典",是我国优秀文化传承的重要组成部分,《孙子兵法》内容博大精深、思想深邃、逻辑缜密,是我国古代军事思想精华的集中体现。

《孙子兵法》共有13篇5000余字。短短的几千字却包含着一个博大精深的理论体系和十分丰富的思想内容,对中国军事学术的发展产生了巨大而深远的影响。我国历代兵学家、军事家无不从中汲取营养用于指导战争实践和发展军事理论。现今已被翻译成29种文字,在世界上广为流传。

《孙子兵法》的作者孙武,字长卿,是兵家流派的代表人物,他的曾祖和祖父都是齐国名将,从小孙武就研习兵法而且颇有心得。18岁时孙武因为齐国内乱,觉得自己所学并无用武之地,于是前往吴国并得到了重用。公元前512年,在阖闾、伍子胥和孙武的指挥下,吴军攻克了楚国的属国钟吾

第四章 人文大放送

知识小链接

孙武与孙膑都是春秋战国的军事家,他们之间有什么关系呢?孙武是齐国人,曾指挥吴军以少胜多,三次击败强大的楚国,所著《孙子兵法》被奉为军事经典。孙膑是孙武的玄孙,和庞涓一同拜鬼谷子为师,指挥齐军两次击败魏军。孙膑继承并发扬了孙武的军事思想,《孙膑兵法》也是兵学宝库不可多得的瑰宝。

国、舒国。这时阖闾想要长驱直入攻克楚都郢,而孙武认为不妥,并进言要求暂且收兵、蓄精养锐,再等良机。吴王由此下令班师。

公元前506年,楚国攻打蔡国(吴国属国),吴军由此伐楚,孙武指挥了这场战争,改变了一开始的沿淮河进军的路线,放弃战船而由陆路进攻,伍子胥就吴军善于水战而孙武却放弃水战转由陆战的问题,问询于孙武,孙武说:"用兵作战最贵神速,而且应该走别人料想不到的路,以便击敌于措手不及。"得到了伍子胥的首肯,并以3万军队攻克了楚国20万大军,以少胜多获得了全胜。

如今,《孙子兵法》已经在全世界范围内得到了推广,而且不仅仅是军事领域,它被广泛运用于社会的各行各业之中,尤其是企业经营管理。如今我们认为,市场即战场,竞争即战争,孙武的军事理论与企业管理确实有许多相通之处。

日本企业家大桥武夫在他所著的《兵法经营全书》中就说道:"采用中国的兵法思想指导企业经营管理,比美国的企业管理方式更合理、更有效。"

而美国的经济学家霍吉兹在他的《企业管理》书中也提到《孙子兵法》,认为这一书"揭示的许多原理原则,迄今犹属颠扑不破,仍有其运用价值"。

古老的《孙子兵法》在现代社会中得到了普遍赞誉,经过再三锤炼,日益焕发出迷人的光彩。

Part.04 第四章

最早飞上天的人

莱特兄弟指的是奥维尔·莱特（1871.8.19—1948.1.30）和威尔伯·莱特（1867.4.16—1912.5.12）这两位美国人，发明家，飞机的发明者。

1903年12月17日莱特兄弟首次完成了世界上第一次完全受控、附机载外部动力，而且机体比空气重、持续滞空不落地的飞行，莱特兄弟因此被认为发明了世界上的第一架实用飞机。

莱特兄弟的家庭从事自行车修理和制造行业，这使得他们从小就得以接触机械装配，并对飞机抱有浓厚的兴趣。从1896年开始，莱特兄弟俩就开始了飞行研究。

◆ 莱特兄弟

通过多次的研究和实验，莱特兄弟认为想要解决飞机操纵这个关键性问题，就需要安装上一种可以让空气动力学发挥作用的机械装置。根据这一想法，莱特兄弟在1903年制造出了第一架依靠自己动力进行载人飞行的飞机——飞行者1号，这是一架普通的双翼飞机，拥有两个安在驾驶员位置两侧的推进式的螺旋桨。

1903年12月14日～17日，飞行者1号共进行了四次试飞。第一次试飞的时候天气寒冷而且刮着大风，弟

知识小链接

风筝是我国 2000 多年前发明的一种玩具，它是世界上最早的重于空气的飞行器，通过绳子的拉力使风筝与空气产生相对运动，从而获得向上的升力。风筝飞行原理和现代飞机很相似，大约 14 世纪，风筝传入欧洲，对滑翔机和飞机的发明起到了重要的作用。美国国家博物馆中的一块牌子写着："世界上最早的飞行器是中国的风筝和火箭。"

弟奥维尔驾驶飞机，留空 12 秒，飞行 36.5 米；成绩最好的是第四次试飞，由哥哥威尔伯驾驶飞机，在空中持续飞行 260 米，留空 59 秒。

1904 年，莱特兄弟再接再厉，制造了装配有新型发动机的飞行者 2 号，由单台发动机进行链式传动，并在代顿附近的霍夫曼草原进行试飞，这一次持续飞行时间超过了 5 分钟，飞行距离达到了 4.4 千米。

1905 年莱特兄弟俩又研制了飞行者 3 号，由威尔伯驾驶，持续飞行 38 分钟，飞行了 38.6 千米。

1906 年的时候，莱特兄弟的飞机在美国获得了专利发明权，值得注意的是，一开始莱特兄弟飞机的成功并没有得到美国政府和公众的重视与认可，直到 1907 年还为美国人民所怀疑；而法国反而先于美国，在 1908 年的时候对莱特兄弟的成就给予了很高的赞誉和正确的评价，从而掀起了席卷全球的航空热潮，而莱特兄弟也终于在 1909 年获得了美国国会的荣誉奖，并在同年创办了"莱特飞机公司"。莱特飞机公司成为世界著名的飞机制造商，公司资金达到了百亿美元。

❖ 莱特兄弟的飞机模型

世界之最大百科

Part.04 第四章

历史上最早的"花木兰"

"谁说女子不如男？"在我国历史上第一位有据可查的女英雄是生活在公元前13世纪前半叶的妇好，她同时也是世界上最早的女将军。

发现于殷墟的甲骨文记录了妇好的经历，她攻克了周边诸多国家，非常善于打仗。妇好是商王武丁60多位妻子中的一位，是祖己引的母亲，妇好死后的庙号是"辛"，因此铜器铭文中把妇好称为"后母辛"。

妇好是一位杰出的女政治家和军事家。中华民族的文明初期，和其他几个远古文明遭遇了同样的情形，即古印欧人的威胁。但在妇好的带领下，远古的中华儿女成功地战胜了侵略者，保留了自己的种族和文明，成为四大文明古国中唯一流传至今的民族，妇好功不可没。

武丁时商朝达到了最盛，武丁通过了一系列的战争将商朝的版图扩大了数倍，而为武丁立下了汗马功劳的大将就是王后妇好。据甲骨文的记载，一年夏天北方边境发生战争，妇好自告奋勇要求带兵，武丁经过占卜决定派妇好前去，结果大胜。这以后，武丁让妇好担

第四章 人文大放送

> **知识小链接**
>
> 司母辛方鼎出土于河南安阳小屯妇好墓,重量仅次于司母戊方鼎。它的造型、纹饰、工艺都达到了极高的水平,是商代青铜文化顶峰时期的代表作。鼎的内壁中部有"司母辛"三字,是妇好的儿子为了纪念母亲而打造的祭物,代表商朝后人对伟大女英雄妇好的悼念。如今司母辛大方鼎跨越千载,以一种华贵的形式诉说着妇好的不朽功勋。

任军队的统帅,妇好通过东征西讨,打败了周围20多个独立的小国。

在商朝时期,一次作战出去的人数一般上千人,而甲骨文的记载表示,在妇好攻打羌族的时候,所带军队达到了13 000余人,这说明妇好率领的军队大约占都城军队人数的1/10。

妇好不仅是带兵打仗的将军,同时还是商朝的主要祭司。商朝迷信鬼神,"国之大事,在祀与戎"。妇好受命主持祭天、祭祖、祭神泉等,参加各类祭典,又

❖ 花木兰

同时任占卜之官,可以说妇好既掌握了军队,还掌握了祭祀与占卜的权力,我们推想,也许商王武丁也要让她三分。

河南安阳(商朝都市)挖掘出土了妇好墓,考古学家推断妇好大概在30余岁时去世,而关于妇好的生卒年代和死因,甲骨文资料中语焉不详,其中的一种资料说妇好死于公元前1248年,死因不明。

考古学家推断,妇好作为领兵的大将,在当时那种和现在大规模械斗差不多的战争中,妇好恐怕也需要持械上场,因此在作战中阵亡或者是负伤回都城之后伤重而亡,都是有可能的。

妇好墓出土了不少武器,其中有一把龙纹大铜钺和一把虎纹铜钺上面刻有"妇好"字样,由此推测这是妇好用过的武器。而这两件兵器分别重7千克和9千克,相当之沉重,由此可以推断妇好武艺超群并且力大过人。而妇好之后的女将军,再也没有使用大斧的。

曾有学者考证,古希腊神话中的阿玛宗女战士的标准武器也是大斧,而阿玛宗女战士的传说源于亚洲的女战士部落,也许这些女战士与商朝人的后裔有关系。

◆ 花木兰墓

Part.04 第四章

近代科学的奠基人

> 伽利略是当之无愧的"近代科学之父""现代观测天文学之父"和"现代物理学之父"。

科学家史蒂芬·霍金说:"自然科学的诞生要归功于伽利略,他这方面的功劳大概无人能及。"可以说,伽利略的工作为牛顿的理论体系的建立,奠定了坚实的基础。

❖ 望远镜

伽利略一生的科学成就很多。1609年,伽利略创制了天文望远镜,通过天文望远镜观测天体,伽利略发现了月球的表面凹凸不平,由此伽利略绘制了人类历史上第一幅月面图。

1610年1月7日,伽利略发现了木星的四颗卫星,为哥白尼的"日心说"找到了确凿的证据,同时借助于望远镜,伽利略先后发现了土星光环、太阳黑子、太阳自转、金星和水星的盈亏现象、月球的周日和周月天平动,以及银河是由无数恒星组成等诸多人类闻所未闻的天文现象,而这些发现开辟了人类历史上天文学的新时代。

1610年3月,伽利略所著的《星际使者》在威尼斯出版,引起了欧洲的轰动。人们称颂说,"哥伦布发现了新大陆,伽利略发现了新宇宙"。

但是,由天文望远镜所揭开的宇宙秘密却触怒了罗马教廷,一场可怕的厄运随之降临在伽利略头上,伽利略上了罗马宗教裁判所的黑名单。

127

世界之最大百科

> **知识小链接**
> 伽利略的科学发现，不仅在物理学史上而且在整个科学中上都占有极其重要的地位。他不仅纠正了统治欧洲近两千年的亚里士多德的错误观点，更创立了研究自然科学的新方法，所以科学界尊称他为近代科学的奠基人。

1624 年，他第四次去罗马，希望故友新任教皇乌尔邦八世能够同情并理解他的意愿，以维护新兴科学的生机。他先后谒见 6 次，力图说明"日心说"可以与基督教教义相协调，说"圣经是教人如何进天国，而不是教人知道天体是如何运转的"；并且试图以此说服一些大主教，但毫无效果。乌尔邦八世坚持"1616 年禁令"不变，只允许伽利略写一部同时介绍"日心说"和"地心说"的书，但对两种学说的态度不得有所偏倚，而且都要写成数学假设性的。在这辛勤奔波的一年里，伽利略研制成了一台显微镜，"可将苍蝇放大成母鸡一般。"

荒谬的"地心说"受到了哥白尼的"日心说"的质疑，而伽利略在强大的教皇面前不得不妥协，在审计和刑法的双重折磨下，伽利略被迫同意放弃哥白尼"日心说"。

1642 年，伽利略过世，享年 78 岁。300 多年后，1979 年 11 月，罗马教皇提出重新审理"伽利略案件"，由世界著名科学家组成了一个审查委员会，负责重新审理这一冤案。但这还有审理的必要吗？太空中飞行的宇宙飞船、上天的人造卫星，诸多现代科技无一不告诉我们伽利略的理论才是正确的。

◆ 伽利略在比萨斜塔上做实验

Part.04 第四章

最早的钢琴

> 世界上最早的钢琴是意大利人克里斯托福里发明的。

巴尔托洛奥·克里斯托福里是意大利佛罗伦萨美第奇家族的一位乐器制作师。1709年，他以拨弦古钢琴为原形，制作出一架被称为具有"强弱音变化的古钢琴"。他在钢琴上采用了以弦槌击弦发音的机械装置，代替了过去拨弦古钢琴用动物羽管波动琴弦发音的机械装置。从而使琴声更富有表现力，音响层次更丰富，并能通过手指触键来直接控制声音的变化。

1709年后，克里斯托福里又进一步改革了原来击弦机的结构，他在这部机械中安装了一种与现代击弦机的复震杠杆系统近乎完全一致的起动杠杆，使击弦速度比原来加快了10倍，而且可以快速连续弹奏，音域也增加为4组，可以说这就是现代钢琴的雏形。他的这一发明为以后的钢琴制作师们打开了通往成功之路的大门。但遗憾的是，克里斯托福里的发明并没有得到他的意大利同行们及当时演奏家们的注

世界之最大百科

知识小链接

在世界各国的成千上万种古今乐器当中，现代钢琴被众多的音乐家们誉为"乐器之王"。这不仅是由于它的体积最大、内部结构最复杂，更主要的还是由于它优良全面的性能和广泛的用途都是其他任何乐器无法与之相比拟的。

意，却在异乡得到了继承和发展。

钢琴虽诞生在意大利，却在德国、奥地利和英国得以发展成长。至18世纪中叶，人们对钢琴的制作工艺进行革新，以使其演奏性能日益完善。

钢琴在它诞生的第一个世纪里经历多次改良。虽然开始它被形容为是"锅炉工制造出的粗陋机械"，少有优雅之色，在表现细腻的情感上逊于拨弦古钢琴和击弦古钢琴；但随着时代的变迁，音乐由巴罗克风格向古典主义演变，声音尖锐、古板、缺乏生机的拨弦古钢琴，被音响丰富、细腻、洪亮的钢琴所替代。1789年1月，莫扎特和克莱门蒂在维也纳奥地利国王的王宫里举行了世界上第一次钢琴演奏比赛，成为轰动一时的大事。这次比赛对提高钢琴在诸乐器中的地位起了重要的作用。到18世纪后期钢琴已登上"乐器之王"的宝座。

现存的最古老的钢琴造于1720年，它是由佛罗伦萨的一位工匠制造的，现存于纽约大都会艺术博物馆。

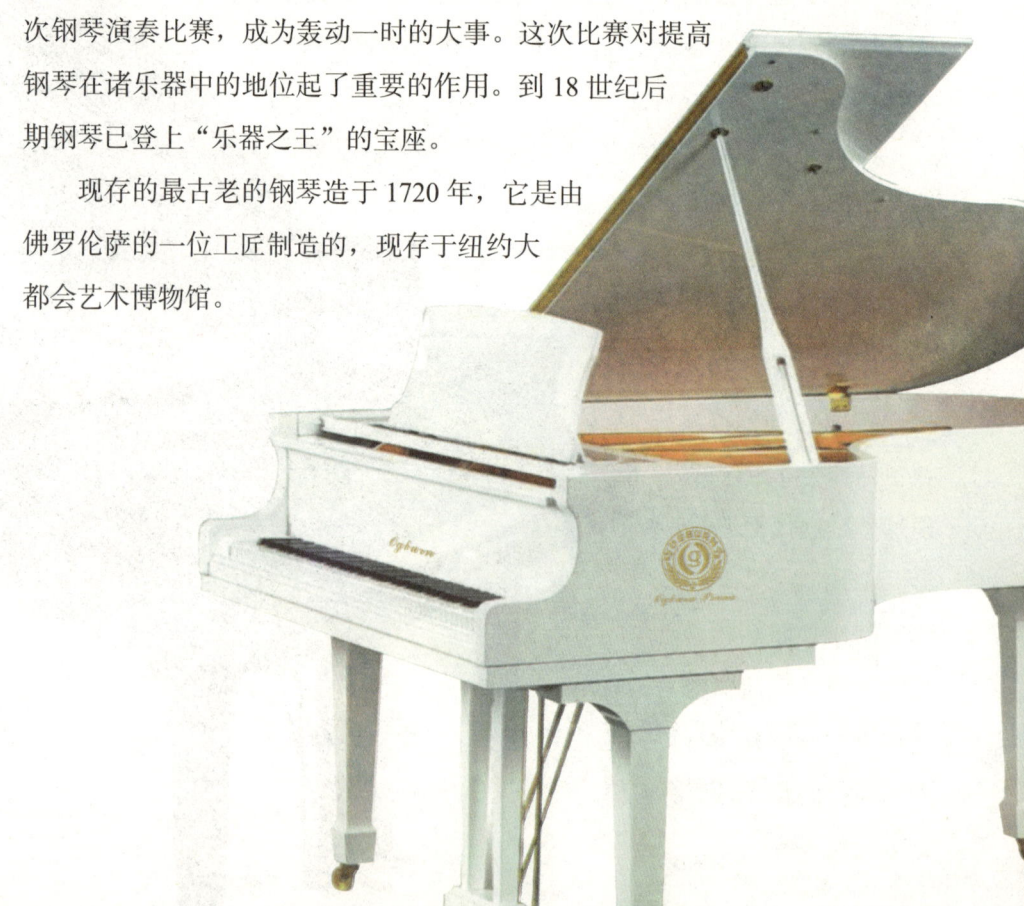

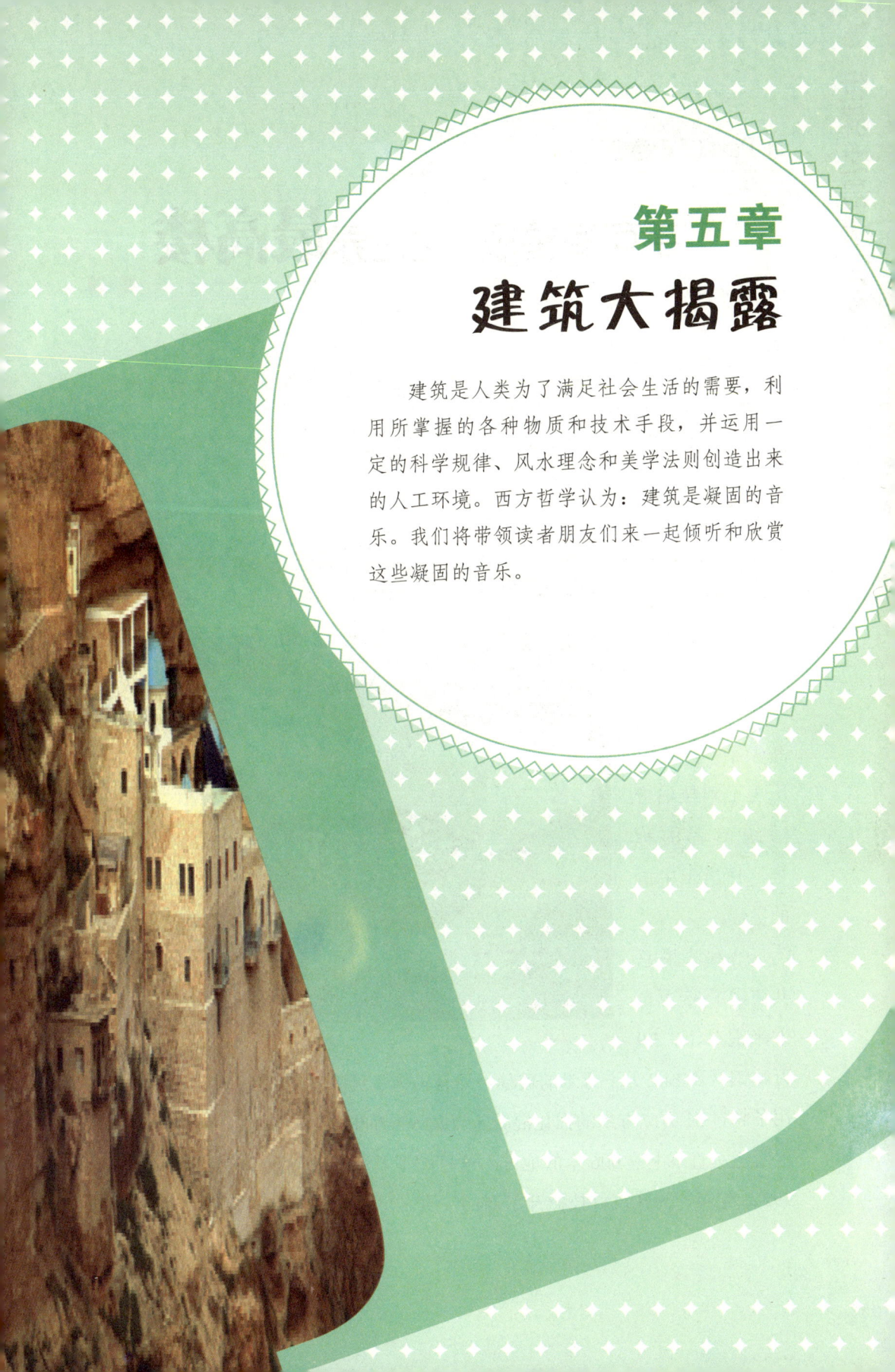

第五章
建筑大揭露

建筑是人类为了满足社会生活的需要,利用所掌握的各种物质和技术手段,并运用一定的科学规律、风水理念和美学法则创造出来的人工环境。西方哲学认为:建筑是凝固的音乐。我们将带领读者朋友们来一起倾听和欣赏这些凝固的音乐。

Part.05 第五章

"手可摘星辰"之世界最高楼

世界第一高楼哈利法塔（迪拜塔），位于阿拉伯联合酋长国迪拜，总高828米，楼层162层，可谓"手可摘星辰"。

哈利法塔是由韩国的三星公司负责营造的，它于2004年9月21日动工，2010年1月4日竣工，总体造价70亿美元。

在动工初期，哈利法塔一直被称为迪拜塔，直到完工之后才改名哈利法塔。在阿拉伯，哈利法的意思是"伊斯兰世界最高领袖"，也是历史上阿拉伯帝国统治者的称号，相当于中国的皇帝。

哈利法塔总共使用了33万立方米混凝土、3.9万吨钢材及14.2万平方米的玻璃。而且，为了巩固建筑物结构，哈利法塔动用了超过31万立方米的强化混凝土以及6.2万吨的强化钢筋，史无前例地把混凝土垂直泵上逾606米的地方，这打破了上海环球金融中心大厦建筑时的492米纪录，为建筑科技掀开了新的一页。可以说，哈利法塔不仅拥有惊人

◆ 哈利法塔内部图

第五章 建筑大揭露

知识小链接

我们知道世界第一高楼是哈利法塔，那么世界第二和第三高楼呢？值得我们骄傲的是，它们都在我们中国。世界第二高楼是台北的101大楼，楼体含塔尖高度为509米，于1999年7月开工，2004年底正式启用；第三高楼是上海环球金融中心，于1997年开工，落成高度达到492米，地上部分101层。

的高度，建筑物料和设备也是分量惊人。

哈利法塔内设有升降机56部，其中速度最高的升降机达17.4米/秒，这是世界上速度最快而且运行距离最长的电梯，"这一设计将触及技术所未能达到的巅峰，因为在此之前没有一座建筑能修那么高。人们不得不开发能适应这种高度的新型电梯"。

阿拉伯当地时间2010年1月4日晚，迪拜酋长谢赫穆罕默德·本·拉希德·阿勒马克图姆，揭开了"世界第一高楼"——迪拜塔纪念碑上的帷幕，并将其更名为"哈利法塔"。由此宣告这座著名建筑正式落成。

哈利法塔本身的修建耗资至少70亿美元，这还不包括稍矮的塔楼群、内部的大型购物中心、湖泊等的修筑费用，而这一建筑调用了大约4000名工人和100台起重机，哈利法塔不仅是世界第一高楼，还是世界第一高建筑。

哈利法塔夜景

世界第一水电枢纽

Part.05 第五章

> 三峡大坝是世界上规模最大的混凝土重力坝，也是世界综合效益最大的水利枢纽，发挥了巨大的防洪和航运效益。

三峡大坝共安装 32 台单机容量为 70 万千瓦的水轮发电机组，并安装有 2 台 5 万千瓦电源电站，其 2250 万千瓦的总装机容量为世界第一，由此三峡大坝荣获世界纪录协会之世界最大的水利枢纽工程世界纪录，被视为世界上最大的水电站。

三峡大坝于 1994 年正式动工兴建，2003 年开始蓄水发电，2009 年全部完工，总共投资 954.6 亿元人民币。

三峡大坝的位置在宜昌市上游不远的三斗坪，并与下游的葛洲坝水电站一起构成梯级电站，由三峡大坝所引发的移民搬迁、环境等诸多问题，于三峡大坝开始筹建的那一刻起就有着巨大的争议，并伴随着大坝的建成而争议不止。

2010 年 7 月，三峡电站机组实现了电站 1820 万千瓦满出力 168 小时运行试验目标，日发电量可突破 4.3 亿千瓦时，占全国日发电量的 5% 左右。

❖ 洞庭湖

知识小链接

三峡工程有利有弊，三峡工程论证专家组曾经指出：三峡工程的有利影响主要在中游，包括减轻洪灾对生态环境的破坏，减少燃煤对环境的污染，减缓洞庭湖的淤积等；而不利方面主要体现在库区，比如说淹没耕地、改变景观和大量移民，另外，还有对珍稀物种、库尾洪涝灾害、滑坡、地震、陆生动植物等等，都会造成不利影响。

在建三峡大坝时，初期规划是26台70万千瓦的机组，即装机容量1820万千瓦，年发电量847亿千瓦时。而后，在右岸大坝"白石尖"山体内，建设地下电站，建有6台70万千瓦的水轮发电机，再加上三峡电站自身拥有的两台5万千瓦电源电站，总装机容量达到了2250万千瓦。2012年，三峡水电站发电量约981亿千瓦时，葛洲坝水电站的10倍，约占全国年发电总量的3%，占全国水电站发电总量的14%。

三峡大坝对于中国水电的可持续性发展以及清洁能源开发，是一个重要的里程碑。截至2012年底，三峡大坝累计发电6291亿千瓦时，而按2011年数据计算，中国平均每发一千瓦时电消耗300克标准煤，三峡大坝的建成共为我国节约煤炭超过2亿吨，累计减少二氧化碳排量超过5.5亿吨，相当于1.5亿吨碳当量。

而且，如果没有三峡工程，以现有的火电技术来满足同等的电力需求，我国每年将新增二氧化碳排放量约8500万吨，同时还需要大量耗费宝贵的水资源。

三峡大坝

世界之最大百科

Part.05 第五章
铁路之万里长城

中国的万里长城举世瞩目，那么你知道铁路中的"万里长城"在哪儿吗？横贯俄罗斯的西伯利亚大铁路总长9332千米，是目前世界最长的铁路，是世界铁路中的万里长城。

西伯利亚大铁路自莫斯科起，途经梁赞、萨马拉、车里雅宾斯克、鄂木斯克、新西伯利亚、伊尔库茨克、赤塔、哈巴罗夫斯克（伯力），终点到符拉迪沃斯托克（海参崴），而奔跑于这条铁路干线上的火车（包括货运与客运列车）有1000余列。

西伯利亚大铁路车里雅宾斯克以西是19世纪中叶建成的，而以东的7416千米是1891年始建，1916年建成并全线通车。

西伯利亚是一片广袤的地区，土地面积达到1200多万平方千米，占亚洲陆地面积的三分之一，这里拥有一望无际的大森林与草原，土壤肥沃，矿产资源丰富，被称为"金窖"。而自16世纪开始，就被沙俄所攫取。

❖ 西伯利亚大铁路纪念碑

因为西伯利亚距离俄罗斯欧洲部分太过于遥远，而且自然条件恶劣，所

◆ 正在建的西伯利亚大铁路

以沙俄攫取西伯利亚之后并没有进行开发，只是把这里当成了苦役的流放地。

19世纪末，俄国开始进入工业化，当时英美日等列强国家正在远东国际舞台上激烈角逐，从而凸显出西伯利亚的战略地位。这样，出于发展国内经济的需要和蚕食亚洲的"远东政策"并且巩固对西伯利亚的占有，沙皇决定修建一条贯通西伯利亚的大铁路。

1890年沙皇亚历山大三世颁布命令，决定从最东端的海参崴动工修建西伯利亚大铁路，而皇储尼古拉（末代沙皇尼古拉二世）于1891年5月亲临海参崴主持了铁路奠基仪式。1892年7月，这一铁路工程又从西边的车里雅宾斯克开始向东修建，沙俄的最高当局还于1892年成立了由尼古拉皇储担任主席的"西伯利亚大铁路特别管理委员会"。

铁路的修建异常艰难，这一路上，河流湖泊与山脉密布、永久性冻土层面积辽阔，另外，还有恶劣的气候。西伯利亚冬季最低温度达到零下50℃，而夏天最高温40℃，这种巨大的温差常常令钢铁脆裂、设备损害。

成千上万的俄国贫苦农民以及服苦役者参加了施工，冒着严寒酷暑，他们开山搭桥、铺设枕木，许多人因劳累而致死。

此外，俄国作为欧洲经济比较落后的国家，为铁路的修建付出了高昂的代价，几

世界之最大百科

知识小链接

"到海参崴不看9288纪念碑，就等于徒有此行。"为什么呢？原来，建立在海参崴火车站站台上的9288纪念碑，是为了纪念西伯利亚大铁路而建。它高4米左右，尖顶上安放着俄罗斯的双头鹰国徽，碑身是下方上圆的几何形状组合而成。黑色大理石上镶嵌着"9288"四个铜字，标志横贯欧亚大陆的西伯利亚大铁路终点与莫斯科的距离是9288千米。

乎是倾尽国力，承担起修建铁路惊人的费用。仅1891~1901年间，俄国为西伯利亚大铁路花费的14.6亿卢布的开支，就远远超过了同期的军费开支。

1904年7月13日，经历了13年的艰辛努力，西伯利亚铁路开始通车，但收尾工程延续到1916年。

这条世界上最长的铁路干线，连接了俄罗斯的欧洲部分、西伯利亚和远东地区，其中欧洲部分约占19.1%，亚洲部分约占80.9%。铁路跨越了8个时区、3个地区和14个省份，设计时速为80千米，从莫斯科到海参崴，需要7个昼夜的时间。

西伯利亚大铁路具有积极的经济和政治意义，它缩短了大西洋到太平洋的运输线，尤其是第二次世界大战期间，西伯利亚大铁路为苏联打败德、日等法西斯国家做出了卓越的贡献。

◆ 西伯利亚的火车站

Part.05 第五章

世界明珠——布达拉宫

如果有人问：哪座殿宇是世界上海拔最高的宫殿？毫无疑问我们会回答：布达拉宫。是的，如果你到过这座宫殿，你的心也一定会因为它的神圣而受到震撼。

位于我国西藏自治区省会拉萨西北红山上的布达拉宫，高110米，拥有13层的宫殿建筑，它是一座规模宏大的宫堡式建筑群。整个建筑堆倚叠砌、蜿蜒至山顶，占地10余万平方米，数十里开外就可以瞻望到它的雄伟英姿。

❖ 布达拉宫的佛像

布达拉宫曾经是西藏的政权中心，如今它被称为"世界屋脊明珠"，是拉萨乃至青藏高原的标志性建筑物。

在这座世界上海拔最高也最雄伟的宫殿里，收藏着丰富的文物和工艺品，同时还珍藏着独一无二的雪域文化遗产。布达拉宫的宫殿布局、土木工程、金属冶炼、绘画、雕刻等诸多方面体现了以藏族为主，并融会了汉、蒙、满各族的高超技艺，是藏族建筑艺术的伟大成就，1994年12月，布达拉宫入选世界文化遗产名录。

❖ 布达拉宫的外部建筑

世界之最大百科

知识小链接

公元640年,松赞干布又派了个能干的使者禄东赞带了100人的出使队伍,备了5000两黄金和许多珍宝的厚礼,到长安去求亲。唐太宗接见了禄东赞。禄东赞传达了他们的年青国王想跟唐朝友好的心愿,说得娓娓动听。唐太宗心里挺满意,就在皇族的女儿中,挑选一个美丽温柔的,封为文成公主,把她许配给松赞干布。

布达拉宫的建造与我们所熟知的松赞干布密不可分,据传这位吐蕃的第32代赞普,于1300年前后迁都拉萨之后,为了迎娶唐朝的文成公主,特别在红山之上修建了布达拉宫,布达拉宫共有1000间宫殿,三座九楼的楼宇。

布达拉宫的管理人员说:"布宫的三大建筑,均通体粉白,耸立在红山上显得圣洁而雄伟,藏民们都称之为'白色的宫殿'。"楼群的布局是"一侧为藏王的寝宫,中间宫殿的顶部建有佛塔,另一侧是后宫。在后宫与中间宫殿之间架有四层楼高的铜铁铸空中廊桥"。

如今我们所能见到的布达拉宫,主要是17世纪的五世达赖重建的白宫,以及他圆寂之后修建的红宫。而这之后,历代达赖又相继扩建了布达拉宫,最后形成了今天的规模:外观共13层,整体建筑主要由东部的白宫、中部的红宫及西部白色的僧舍组成,包括山下印经院和后花园宗角禄康等附属建筑,占地达13公顷。

布达拉宫内部有一座巨大的绘画艺术长廊,壁画的题材丰富,包括有西藏佛教发展的历史、五世喇嘛生平、文成公主进藏的过程、西藏古代建筑形象和大量佛像等,而其中的金刚更是一部珍贵的历史画篆。

> **知识小链接**
>
> 吴哥窟是东亚民族高棉所建,公元802年起,阇耶跋摩二世建立了长达600余年的繁荣昌盛的高棉帝国,12世纪时,吴哥建筑达到了艺术上的巅峰,吴哥窟建筑之精美令人惊叹。但15世纪初,人去城空,吴哥地区变成了丛莽和荒原,吴哥地区曾有100万以上人口,这个民族和人们哪里去了呢?

这象征着环绕须弥山的咸海。

吴哥窟的护城河呈长方形,与中国的"口"字相似,其中东西长1500米,南北长1350米,全长5700米;护城河的河面宽度190米。在护城河外岸,由砂岩筑成的矮围栏围绕着。而护城河上正西、正东两个方向,各有一堤通往吴哥窟的西门和东门。

护城河的内岸是一道30米宽的空地,围绕着吴哥窟的红土石长方围墙,围墙的东西方向长1025米,南北方向阔802米,高4.5米,由围墙包围起来的寺庙大广场,占地面积820 000平方米。

围墙正面中段,是长达230米的柱廊,三座塔门树立在中间。而正中的

❖ 吴哥窟

塔门是吴哥窟的山门，这座塔门与左右两塔门之间，由二重檐双排石柱画廊连通起来。

各个塔门之间都有交叉成十字形的纵、横通道，纵通道出入寺院，横通道游览画廊。而三座塔门之间的纵通道相当开阔，可以容大象通过，因此又被称之为象门。

❖ 吴哥窟佛像

三座塔门的顶部塔冠，虽然如今是残缺不全的，但仍旧可以看出正中的一座要比左右两座高一些，呈"山"字形，这多少保留着原来的建筑比例，与吴哥窟顶层正面的三座宝塔相呼应。围墙其他三面也有塔门，但比较小，建筑也相对简单，而且只有小径可通，所以很少有人去。

南塔门之下，供奉有一尊毗湿奴雕像，这座雕像在苏耶跋摩二世时原本是供奉在吴哥窟顶层神庵内的，但吴哥窟改宗佛教之后，它由顶层神庵转移到南塔门之下。

画廊内侧（东侧）是石壁，间以葫芦棂窗，朝西的画廊壁装饰着舞女的浮雕，而朝东的画廊壁装饰着跳舞的飞天神女或骑兽武士。门南是一尊飞天女神浮雕，这是吴哥窟独一无二的露齿微笑的飞天女神。

Part.05 第五章

世界第一大教堂

第五章 建筑大揭露

建于1506—1626年的圣彼得大教堂，是天主教最神圣的地方之一，也是世界上最大的教堂。

◆ 圣彼得堡的喷泉

圣彼得大教堂占地2.3万平方米，教堂中央顶高138米，穹窿直径42米。教堂前面是两重用柱廊围绕的巴洛克式广场，设计人是贝尼尼，而意大利文艺复兴时期著名的建筑师和艺术家勃拉芒特、拉斐尔、米开朗其罗和小莎迦洛等都曾参与设计。

教堂内保存有包括米开朗其罗、拉斐尔等许多艺术家的壁画和雕刻，同时拥有百余件的艺术瑰宝，它们都是无价的资产。

圣伯多禄广场位于教堂前方，长340米，宽240米，可以同时容纳30万人。广场被两个半圆形的长廊环绕，每个长廊由284根巨型圆石柱支撑着长廊顶，长廊顶上有142个圣人圣女的雕像，人物神采各异、栩栩如生。广场中间是1856年竖立的41米高的埃及方尖碑，两侧各有一座美丽的喷泉，清泉涓涓象征着上帝所赐的生命之水。

教堂正面宽115米，高45米，中线为轴两边呈对称分布，8根圆柱立在中间，4根方柱排在两侧，柱间有5扇大门，二层楼上有3个阳台，中间为祝福阳台，在重大的宗教节日时教宗将在祝福阳台露面降福信徒。教堂平顶

知识小链接

圣彼得大教堂以圣彼得为名，圣彼得是耶稣的大门徒，彼得这个名字就是耶稣所起，意思是"磐石"，即耶稣认为圣彼得将成为教会的基石。耶稣升天之后，圣彼得作为耶稣的继承人继续传道，公元 64 年被罗马尼禄皇帝杀害。圣彼得殉教之后被尊为首任教皇，之后的教皇都被视为圣彼得的继承人，是基督在世的代表。

上正中站立着耶稣的雕像，两边是 12 个门徒的雕像，一字排开，整个教堂宏伟壮观。

教堂大门处有两个小天使手捧圣水缸的雕塑，高 2.5 米，小天使是 1 岁左右的孩童，教堂中统治者、勇士、殉难者的雕像使人觉得威严、冷峻甚至是痛苦，而天真可爱的小天使却令人感觉安慰、美好；而水是生命之源，同时还是上帝赐予的圣洁之物。

教堂内的大殿堂，长 186 米，总面积 1.5 万平方米，能容纳 6 万余人。其中高大的石柱以及墙壁、拱形的殿顶上，到处是以《圣经》为题材的绘画、浮雕和塑像，堪称艺术的宝库。而其中最惹人注意的雕像莫过于米开朗其罗的圣母哀痛雕像、贝尔尼尼设计和雕刻的青铜华盖和圣伯多禄宝座。大殿的两侧是一个接一个小的殿堂，每个小殿内部都由壁画、浮雕和雕像进行装饰。

❖ 圣彼得堡

Part.05 第五章

中华之骄傲——长城

第五章 建筑大揭露

> "你知道长城有多长，它一头挑起大漠边关的冷月，一头连着华夏儿女的心房，太阳照长城长，长城雄风万古扬。"

这首《长城长》的歌我们从小就传唱，那么，长城到底有多长呢？据 2009 年的数据表明，明长城总长 8851.8 千米；2012 年国家文物局数据表明，历代长城总长为 21 196.18 千米。可见，长城无愧为世界上最长的建筑。

长城建筑于 2000 多年前的春秋战国时期，现存的长城遗迹主要是 14 世纪兴建起来的明长城。春秋战国时，各国诸侯为了防御、阻挡别国入侵，于是修筑烽火台，并用城墙连接起来，形成了长城的雏形。大约公元前 221 年，秦始皇统一天下，把这些断断续续的长城连接起来形成了一个完整的防御系统，以此抵抗北方的侵略。

明代时，统治者又继续修筑长城，从而使长城成为世界上最长的军事设施，它是我国古代劳动人民创造的建筑奇迹，与罗马斗兽场、比萨斜塔等并列为中古世界七大奇迹，1987 年 12 月被列为世界文化遗产。长城在文化艺术上的价值，与其在历史和战略上的重要性，足以媲美。

秦朝修筑长城是一个相当庞大的工程，动用了占全国人口 1/20 的近百万劳动力，在当时生产力环境下，全部劳动都是人力完成，而且四面崇山峻岭、峭壁深堑，可见当时工程之庞大艰巨。

明朝对长城进行了维修和扩建，在"外边"长城之外，又修筑了"内边"长城和"内三关"长城。其中"内边"长城以北齐所筑长城为基础，由内蒙

世界之最大百科

知识小链接

长城是古代最伟大的军事防御工程,由点到线、由线到面,把沿线的隘口、军堡、关城和军事重镇连接起来,形成严密、完整的军事防御体系。冷兵器时代,长城都是在主动出击、军事上取得压倒优势时修建的,说明这在当时既是一种积极防御,又是积蓄力量、继续进取的谋略。"然则长城之筑,所以省戍役,防寇钞,休兵而息民者也。"

古和山西交界处的偏关以西开始,向东经雁门关、平型关等入河北,而后向东北经涞源、房山、昌平诸县,直达居庸关,而后由北向东至怀柔的四海关与"外边"长城相接,"内边"长城总体来说以紫荆关为中心,大致成南北走向。

"内三关"长城不少地方与"内边"长城并行,部分地区两城相隔仅数十里,明朝同时还修筑了大量的"重城",其中雁门关一带的"重城"就达到24道。

国家文物总局2009年宣布明长城东起辽宁虎山,西至甘肃嘉峪关,从东向西行经辽宁、河北、天津、北京、山西、内蒙古、陕西、宁夏、甘肃、青海10个省市自治区共156个县域,总长度8851.8千米,经过壕堑359.7千米,自然天险2232.5千米。

2012年又宣布,历代长城总长21 196.18千米,分布于北京、天津、河北、山西、内蒙古、辽宁、吉林、黑龙江、山东、河南、陕西、甘肃、青海等15个省市自治区,包括长城墙体、壕堑、单体建筑、关堡和相关设施等长城遗产共有43 721处,这是我国第一次科学、系统地测量历代长城的总长度。

长城是中华儿女的骄傲,象征着中华民族坚不可摧的伟大意志和力量。

Part.05 第五章

世界第一座国家公园

第五章 建筑大揭露

成立于1872年的美国黄石国家公园，简称黄石公园，是世界第一座国家公园，也是世界上最大的公园。

黄石国家公园位于美国中西部怀俄明州的西北角，并向西北方向延伸至爱达荷州和蒙大拿州，面积达8956平方千米。

到黄石公园游玩，需要准备好冬夏两季的衣服，因为这里地貌丰富、气候多变，时而阳光普照，时而乌云密布；坡上白雪皑皑，间歇泉附近却是热气腾腾。

作为美国最大的野生动物保护区，黄石公园内居住着大量的野生动物，成群的美洲野牛、间或可见的麋鹿和羚羊，有时候还可以看到正用坚实大角争斗的驯鹿和草原上嬉戏的小黑熊，以及天空展翅高飞的老鹰。经资料证实，黄石国家公园是美国最大的野生动物庇护所，各类水禽、飞禽及野生的哺乳动物应有尽有。

6000万年以来，黄石地区多次发生火山爆发，由此形成了海拔达

❖ 火山爆发

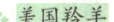
❖ 美国羚羊

世界之最大百科

> **知识小链接**
>
> 19世纪初，肖肖尼人和其他印第安人在黄石地区狩猎甚或星散居住。1806年，约翰·科尔特是第一位到这里进行勘探的白种人；1859年吉姆·布里杰步其后尘；1870年，人类对黄石最重大的一次造访开始；1871年，一支国家地质勘探队对黄石进行正式的勘察；1872年的3月1日，美国国会法案通过提案，世界上第一个"国家公园"诞生。

2000余米的熔岩高原；而三次冰川运动又为黄石公园留下了山谷、瀑布、湖泊以及成群的温泉和喷泉。大自然在黄石地区用水、火、冰、风等进行精雕细琢，独特的自然风光显示了大自然的鬼斧神工。

黄石公园自然景观可分为五大区：玛默区、罗斯福区、峡谷区、间歇泉区和湖泊区。这五个景区各具特色，其中一个共同的特色就是地热奇观。

黄石国家公园内有温泉3000处，其中间歇泉300处，许多喷水高度超过30米，这些温泉碧波荡漾，水雾缭绕。其中"狮群喷泉"，由4个喷泉组成，水柱喷出前发出如狮吼般的声音，由此得名；"蓝宝石喷泉"因水色碧蓝而得名；而喷泉中最著名的莫过于"老忠实泉"，它因规律喷水而得名，从被发现到21世纪这百余年间，老忠实泉每隔33～93分钟喷发一次，每次喷发持续四五分钟，水柱高40多米，从不间断。

黄石公园中不容错过的风景点还有很多，比如说五彩斑斓的大棱镜、宁静的黄石湖、奔流直下的黄石瀑布、壮丽的大峡谷、美丽的巨象温泉，等等。公园内主干道总长800千米，小径总长1600多千米，黄石湖、肖肖尼湖、斯内克河和黄石河分布其间。而公园四周分别被卡斯特、肖肖尼、蒂顿、塔伊，比佛黑德和加拉廷国有森林环绕。黄石公园这种大地原始景观被人们称为"地球表面上最精彩、最壮观的美景，已超乎人类艺术所能达到的极限"。

第五章 建筑大揭露

Part.05 第五章
现存**最完整**的古代皇宫

> 世界五大宫殿分别为北京故宫、法国凡尔赛宫、英国白金汉宫、美国白宫和俄国克里姆林宫。而北京故宫是现存最完整的末代皇家宫殿。

我国明清两代的皇宫——故宫，占地超过 72 万平方米，楼宇 8000 余间，建筑面积 15 万平方米，是现存最大最完整的古建筑群，被列入"世界文化遗产"，并评价："紫禁城是中国五个多世纪以来的最高权力中心，它以园林景观和容纳了家具及工艺品的 8000 个房间的庞大建筑群，成为明清时代中国文明无价的历史见证。"

故宫始建于明成祖永乐四年（1406 年），500 余年中有 24 位皇帝在此居住，其中明朝 14 位，清朝 10 位。明清两代对故宫进行多次重修和扩建，但保持了最开始的布局。

明成祖朱棣在夺取了建文帝的帝位之后，决定迁都北京，下令仿造南京皇宫营建北京宫殿，当时动用了工匠 23 万人、民夫百万人，1420 年落成。

故宫又名紫禁城，依照古代星象学说，紫是紫微垣，位于天的中央最高处，"运乎中央，临制四方"，是天帝所居，由此天人对应，以紫禁城为故宫名字。

故宫的格局，严格按《周礼·考工记》中"前朝后寝，左祖右社"的帝都营建原则建造。为了达到左

世界之最大百科

知识小链接

我国北京的故宫可以称得上是一座可以移动文物的宝库，据统计故宫博物院可移动文物藏品超过了180万件，其中珍品168万余件。而且通过国家调拨、向社会征集和接受私人捐赠等方式，故宫的藏品还在不断增长中，不停地填补着清宫旧藏文物时代、类别上出现的空缺和不足。

右均衡和形体变化的艺术效果，进而突出帝王至高无上的权威，故宫有一条贯穿宫城南北的中轴线，在中轴线上按照古制"前朝后寝"，布置着帝王发号施令、象征政权中心的三大殿（太和殿、中和殿、保和殿）和帝后居住的后三宫（乾清宫、交泰殿、坤宁宫）。

在建筑布置上，故宫一砖一瓦都体现皇权至上的原则，其中砖木结构、黄琉璃瓦顶、青白石底座饰以及金碧辉煌的彩绘，它们用形体变化、高低起伏的手法，组合成一个整体；而且在功能上也符合封建社会的等级制度。

两道坚固的防线把故宫建筑群围在中间，其中外围是一条宽52米、深6米、长3800米的护城河；内围是一道又厚又高、周长达3千米的城墙，墙高近10米，底宽8.62米，环绕故宫的四面，城墙之内的故宫面积达72万平方米，是世界上最大的宫殿。

故宫的城墙上开有4门，南有午门、北有神武门、东有东华门、西有西华门；城墙四角，耸立着4座角楼，角楼有3层屋檐，72个屋脊，它们玲珑剔透、造型别致，为中国古建筑中的杰作。

故宫内各种千姿百态造型的龙栩栩如生。我国封建社会皇帝被称作"真龙天子"，主宰人间的生杀大权，而紫禁城是明、清两朝的皇宫，因此故宫内殿堂、桥梁、丹陛、石雕以及帝后宝玺、服饰御用品等，无不以龙做纹饰来彰显帝王之家至高无上的地位。那么，故宫里到底有多少龙呢？恐怕是数也数不过来。

❖ 故宫宝座屏风

Part.05 第五章

最具**神秘感**的办公楼

> 五角大楼是美国国防部的代称。它是美国最高军事指挥机关所在地，是海、陆、空三军总部，是国防部办公地。是不是突然感觉到它的神秘感？很想进到这五角大楼里探个究竟？

由于五角大楼特殊的职能，对于我们来说，它是一个神秘的所在，代表着当今世界最高、最先进的武力值。

五角大楼位于美国华盛顿哥伦比亚特区西南部——波托马克河畔的阿灵顿区，总建筑面积达 60.4 万平方米，相当于五座美国国会；其中办公面积为 34.4 万平方米，是当今世界建筑面积最大的单体办公楼。目前大约有 2.3 万名军方人士及文职人员在此工作，另外还有约 3000 名非国防志愿者。

五角大楼因五角形建筑外观而被命名，共有 5 个外立面，建筑分为 5 层（包括地下两层），每层由内至外共 5 个环状走廊，总长度达 28.2 千米。

五角大楼始建于 1941 年 8 月，当时正逢"二战"，希特勒控制了欧洲绝大部分，总统罗斯福宣布全国进入紧急状态，美国陆军部（1789—1947 年）需要一座新的指挥基地，因此五角大楼动工兴建。

五角大楼前期的图纸于 1941 年 10 月绘制出来，而设计工作主要是 1942 年 6 月完成，有时候建造工作甚至赶在了设计前面，这与当时的战况有关系，1941 年 12 月 7 日日本偷袭珍珠港，由此需要加快五角大楼设计与施工速度。

五角大楼的选址是在波托马克河漫滩，那里的土质条件给工程师们带来了挑战，因为五角大楼的地基为河边无人居住的大片沼泽，因此建筑工人打下了 41 492 根水泥柱，并就地取材，从附近的波拖马可河中挖来 68 万吨砂

世界之最大百科

知识小链接

五角大楼作为世界上最为庞大的军事组织的心脏，是美国防御的代名词和象征。走进大楼时，人们会感到一种肃杀之气，这是由于大楼的特殊职能和它的庞大、复杂。五角大楼宛如一座巨大的城堡，进入其中仿佛走入一座迷宫。在这里容纳了超过2.6万人，说它是世界上最大的办公大楼，不如说它是一个袖珍城市。

石，压制成30万立方米的钢筋混凝土建筑材料。

而且当时的地面高度，从海平面以上3米到12米不等，为了弥补这些海拔变化，人们建立起两个挡土墙，为了解决土质问题，更是运用了现场浇筑（深基础法兰基灌注桩）。最后，1943年1月，耗费了16个月和8300万美元后，五角大楼竣工了，并立即投入使用，在"二战"的后期发挥了重要的军事指挥功能。据称，五角大楼的设计，为战争年代节约了建造一座战舰的钢材。

❖ 美国五角大楼

Part.05 第五章

最重的雕塑之自由女神像

第五章 建筑大揭露

自由女神并非出自传统神话，而是一种艺术形象，被用于代表自由这个理念，纽约自由女神像是最著名的代表。如果你到了纽约，一定不要错过。

自由女神像全名是"自由女神铜像国家纪念碑"，正式名称是"照耀世界的自由女神"，她自1886年10月28日就矗立在美国纽约市海港内自由岛的哈德孙河口附近，被誉为美国的象征。

自由女神像高46米，加上基座共为93米，重200多吨，是世界上最重的雕塑，它是法国1876年赠送给美国独立100周年的礼物。她右手高举象征自由的火炬，左手捧着刻有1776年7月4日的《独立宣言》，脚下是打碎的手铐、脚镣和锁链，象征着自由、挣脱暴政的约束。

自由女神像由金属铸造，放置于一座混凝土制的台基上。她的底座是一座美国移民史博物馆，由著名的约瑟夫·普利策筹集10万美金建成的。

自由女神像是法国著名雕塑家奥古斯特·巴托第在巴黎设计并制作，历时10余年，于1884年5月完成，1885年6月装箱运至纽约，1886年10月由当时的美国总统克利夫兰亲自在

◆ 自由女神像

世界之最大百科

知识小链接

自由女神铜像是美国的象征，它是用120吨重的钢铁为骨架、80吨重的铜片为外皮，并由30万只铆钉装配固定在支架上，女神像的体内有螺旋形阶梯，游客可以通过阶梯登上头部，相当于攀登一幢12层高的楼房（因为太高了，所以后来从基座开始安装了电梯，以方便游人上下）。

纽约主持揭幕仪式。

自由女神像的设计是以法国巴黎卢森堡公园的自由女神像做蓝本，外貌设计来源于雕塑家的母亲，而高举火炬的右手则是以雕塑家妻子的手臂为蓝本，她穿着古希腊风格的服装，所戴头冠上的七道尖芒，象征着世界七大洲及五大洋。

1984年，自由女神像被列入世界遗产名录，但从严格意义上说，自由女神像不能算是历史古迹，她是一件人工塑造的艺术品。

19世纪末，纽约港是美国沿海最大的港口，进出美国的大多数旅客要经过纽约，而自由女神像矗立在离曼哈顿岛西南角仅3千米远的小岛上，当人们乘海轮驶入纽约湾内，首先映入眼帘的就是巨大的自由女神雕像。而到了夜间，自由女神像手持火炬内的灯光通明，而且加上从小岛地面射向她的探照灯光，使自由女神雕像更为清晰、壮观。

在花岗岩构筑的神像基座上，镌刻着美国女诗人Emma Lazarus一首脍炙人口的诗《新巨人》："让那些因为渴望呼吸到自由空气，而历经长途跋涉业已疲惫不堪，身无分文的人们，相互依偎着投入我的怀抱吧！我站在金门口，高举自由的灯火。"

◆ 自由女神像

Part.05 第五章

现今世界最长的吊桥

第五章 建筑大揭露

全长3911米的日本明石海峡大桥，坐落于神户市与淡路岛之间，于1998年正式通车，是世界上最长的吊桥。

明石海峡大桥于1988年5月动工，1998年3月竣工，历时10年。大桥首次采用1800兆帕级超高强钢丝，使主缆直径缩小并简化了连接构造，而且首创悬索桥主缆，这也是世界第一座用顶推法施工的跨谷悬索桥，著名的法国埃菲尔集团公司承建了这座桥。

明石海峡大桥的主桥墩跨度1991米，两座主桥墩之间海拔297米，基础直径80米，水中部分高60米。两条主钢缆每条约4000米，直径1.12米，由290根细钢缆组成，重约5万吨。

精密、稳固的建筑设计使大桥可以承受里氏8.5级强烈地震和抗150年一遇的80米/秒的暴风。1995年1月17日的里氏7.2级坂神大地震，震中距大桥仅仅4千米，当时大桥附近的神户市内5000人丧生，10万幢房屋夷为平地，可大桥

知识小链接

日本的明石海峡是濑户内海中的一个海峡，海峡的两岸为淡路岛的淡路市与本州岛的明石市、神户市；海峡以东为大阪湾，以西为播磨滩。明石海峡最狭窄处约3.6千米，海水平均深度约100米。如今垂挂于明石海峡之上的明石海峡大桥，把淡路岛与本州岛连接起来，使日本四大岛最终得以联结。

经受住了地震的无情考验，只有桥南岸的岸墩和锚锭装置发生了轻微位移，使桥的长度增加了0.8米。除地震以外，大桥的设计还保证它在台风季节能够经受住时速超过200千米狂风的袭击。

明石海峡大桥本桥的桥面设有6车道，通航净空高为65米。大桥2根主缆直径为1122毫米，是世界上直径最大的主缆；主缆钢丝的极限强度为1800兆帕，也是一项新的世界纪录。主缆由预制平行钢丝束组成，而这项工艺同时适用于同样规模的悬索桥；牵引钢丝由直升机牵引跨越明石海峡，这在世界造桥史上是首次应用的新工艺。可以说这座世界上最大跨度的明石海峡大桥同时包含有多项世界纪录。

明石海峡大桥跨越了日本本州和四国岛之间的明石海峡，是目前世界上主跨最长的悬索桥，它最终实现了日本人的桥梁梦想，通过桥梁把本州、九州、北海道和四国四个岛屿连在一起的愿望。

明石海峡大桥

第六章
植物大奥秘

大自然无奇不有,其中植物是地球生态圈中的一个庞大群体,与我们人类的生存与生活息息相关,拥有着许许多多我们不知道的奥秘。你见过的最大的花有多大?你知道世界上还有臭如腐尸般的花卉吗?

Part.06 第六章
臭如腐尸一般的花

"掬水玉在手,弄花香满衣",世界上大多数花是香的,但是,还有许多很臭很臭的花,你知道吗?虽然我们知道读者朋友可能对这种味道很讨厌,但是也一定会对这种特殊的花感兴趣吧!

植物学家 Odoardo Beccari 在 1878 年时,发现了泰坦魔芋这种植物,它的花有一种腐烂尸体的味道,大家认为它是"世界上最臭的花",又把这种花称为"尸花",甚至更进一步形象地称之为"尸臭魔芋"。

尸花生长于苏门答腊群岛,花龄 150 年,预计高达 1.8 米,是世界上目前发现的体型最大的花。而那种刺鼻的臭味由花冠释放,尤其是花冠成熟时,臭气最浓。

尸花利用臭气吸引大量的苍蝇和甲壳虫帮助它传播花粉,与此同时尸臭味也随之急剧增加,而花朵凋落之后,植物就进入了休眠期。尸花味道虽然奇臭无比,但却是相当艳丽,它的美超出了你所想象的任何东西。

如今这种尸花已经濒临灭绝,现有的 134 株都是人工栽培的,通过施加液体肥料和钾肥,泰坦魔芋生长速度惊人。一般来说,尸花

◆ 泰坦魔芋

知识小链接

泰坦魔芋,即尸花,是一种古怪的植物,是一种寄生植物,它从别的植物中偷取营养,并通过发出尸臭味来迷惑昆虫为其授粉。泰坦魔芋所属的大戟科植物,起源于一亿年前的白垩纪,那是恐龙生活的最后年代。这种植物一般能活150年左右,在它的生命期内只开两三次花。

平均10余年开一次花,花期仅2～3天,长出果实之后很快就枯萎,所以我们很难看到。

开花时,花朵的温度达到38℃,高于周围温度,这是植物准备开花的一种表现,这时茎干开始发热,花瓣逐步打开,并散发出如尸体腐败这样刺激性的气味,可飘至八九百米之外,吸引喜欢腐尸的甲虫和苍蝇前来传粉。

巨花魔芋是先开花后长叶,花朵凋谢之后,生长在地底的球茎上就会长出一片叶子,这片叶子可以长到6米高、5米宽,看似一棵小树。叶柄像树干一样,是绿色的,在叶柄的顶端分叉为几个分枝,每个分枝上又会生出许多小叶子,当一个生长季过去时,地底的球茎储存了足够能量之后,老叶将凋萎掉落,而新的花朵将从地下生出来。

2011年4月22日,一株生长于瑞士巴塞尔大学的泰坦魔芋在夜间盛开,这是2001~2011年世界范围内首次开花。花高约2.7米,深紫色的花瓣如雨伞状,直径约0.9～1.2米,美丽异常。臭味大约蔓延到800米之外,当时花期预计持续到24日,吸引了许多好奇的观众前来一睹奇观。

❖ 泰坦魔芋

Part.06 第六章

世界花王之大花草

> 世界上最大的花是生长在印尼苏门答腊热带森林里的大花草,它一生只开一朵花,花朵直径最大可达 1.4 米。想象一下,这样的一朵花足可以让一个七八岁的孩子横躺在上面。

大花草是一种寄生性植物,它的花大而肉质丰厚,花朵直径通常在 0.9 米左右,质量最重可达 11.34 千克。大花草又被称为大王花或霸王花,花有 5 片大而厚的花瓣,花冠呈鲜红色,花的颜色五彩斑斓,充满了形形色色的斑点,好像青春期孩子长满粉刺的脸。

大花草开花时会散发具有刺激性的腐臭气味,可以吸引逐臭昆虫前来传粉,而花的中间有个洞,可以承受 7~8 升的水。花心像个大面盆,是当之无愧的世界"花王",幸运的是,如今在印度尼西亚地区的苏门答腊岛和婆罗洲发现这种寄生植物。

大王花平时寄生于一种藤本植物上,通过吸取别的植物营养来生长,花就是植物的全部,从藤本植物上吸收来的全部营养,都用于供应花的生长。大王花的种子很小,肉眼几乎看不清,而种子的传播也相对懒散,当大象或其他动物踩上带黏性的种子时,就把种子带到其他地方生根、发芽、繁殖。

大王花花期只有 4 天,花期过后花朵逐渐凋谢,颜色慢慢变黑,最后变成

▼ 大花草

> **知识小链接**
>
> 大王花属于双子叶植物纲中，蔷薇亚纲大花草科之大花草属中的一种，如今人们已经确定的大王花品种共有16种，它们都生长在东南亚一带，包括印度尼西亚的苏门答腊岛和爪哇岛，以及马来西亚。但这些地方的热带雨林因为人类的开发遭到破坏，使大王花现已濒于灭绝。

一滩黏乎乎的黑东西。但受过粉的雌花，7个月后会形成腐烂的果实，这也算植物界的一大奇观，灿烂的花朵结出腐烂的果实。

大王花所寄生的藤本植物一般是像葡萄一类的白粉藤根茎，花刚开的时候会有一丁点儿香味，但很快就臭不可闻。大王花因为生长在热带森林之中，没有四季之分，所以它没有明显的生长季，一般每年的5～10月，大王花都有可能随时冒出来。

可以说，大王花（大花草）算是植物中的"离经叛道者"，一方面从另一种植物中"盗取"营养物，另一方面哄骗昆虫帮助其授粉，可算是一种相当狡诈的植物。

Part.06 第六章

如针尖般小的袖珍花朵

世界上最小的花——无根萍,身长不超过1毫米,开的花大小如针尖一般,在分类上属于浮萍科、无根萍属。

无根萍共有3个世界之最:世界上最小的开花植物、世界上花开最小的植物和世界上果实最小的植物。

无根萍因为个子娇小,在野外很难吸引人们的目光,而且因为环境的污染,使寻找无根萍难上加难。不过,在南部的菱角田、莲花田等生长有浮萍的池沼、水田的水域,运气好的话还是可以找到的。

作为世界上最小的开花植物,无根萍开花算得上比较少见的奇景,堪比"铁树开花",在台湾对无根萍的研究中,一直没有相关的开花纪录,直

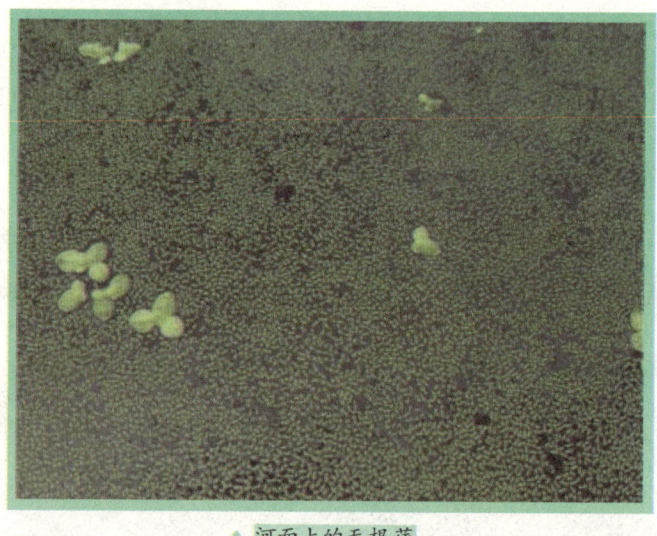
❖ 河面上的无根萍

❖ 无根萍

第六章 植物大奥秘

知识小链接

无根萍是世界上最小的花，12株的无根萍聚合在一起，就像一根大头针的针尖那么大。这些水生植物又被称为"微萍"，像是漂浮在水面上的玉米粉粒。无根萍生长最旺盛时，每平方米的水面上聚集着上百万株植物。

到1995年，台湾大学生物研究所详细剖析了无根萍的微细构造和生殖器官，在乍寒还暖时期，利用解剖显微镜发现了许多开花的无根萍。

无根萍是一种可以吃的植物，想不到吧！泰国人把无根萍叫作"水蛋"，农民在田里大量栽培并且还捞来吃。美国把无根萍称作"水饭"（water meal），通过比较卫生的"无菌栽培法"进行无根萍的繁殖，并用来做成生菜沙拉或夹汉堡吃。

一般植物性的食品，除了豆类之外，大都缺乏蛋白质。可无根萍不仅与其他蔬菜水果一样富含维生素、矿物质，同时还富含蛋白质，其含量高达干重的40%以上，接近黄豆的水准。而且，更为惊叹的是浮根萍的淀粉含量也高达50%以上，因此每天只要进食500克重的无根萍，就能维持一天生活所需。

因此，营养完备的无根萍值得我们推广，它不但可能在将来的某一天成为我们日常生活中常见的健康蔬菜，而且美国太空总署NASA正在进行研究，准备把无根萍种在宇宙飞船上面，使之成为航天员的食物。

世界之最大百科

Part.06 第六章

长速惊人的毛竹

地球上生长得很快的植物有很多，比如东南亚一带的团花树，一年长高 3.5 米；中南美的轻木一年长高 5 米，但它们都不及毛竹。

❖ 毛竹

毛竹又名"楠竹""孟宗竹""江南竹""茅竹"等，属于禾本科竹亚科刚竹属，是一种常绿乔木状竹类植物，最高可达 20 米以上，最粗可达 18 厘米。毛竹竿高、叶翠，四季常青，秀丽挺拔，经霜不凋，雅俗共赏。在我国有很高的声誉，与松、梅共植，被誉为"岁寒三友"。

生长在中国江南的毛竹，在春笋出土开始拔节的时候，长速惊人，一天一夜就可以长高 1 米，而落叶松一年才长高 1 米。就是说，毛竹平均每分钟长高 2 毫米，有时候人们甚至可以听到它生长拔节时的响声，所以我们用"雨后春笋"来形容发展很快的事物。

毛竹的生长很有特性，种植期前 5 年丝毫不长，而第 6 年雨季来临时，它以每天 1.8 米的速度急长 15 天，最后长到 27.4 米高。而在它生长的时间里，

❖ 毛竹做的刀架

> **知识小链接**
>
> 在我国，竹子与梅、兰、菊被并称为花中"四君子"，具有很高的地位，历来为中国人所称道。这是因为竹子有中空、有节、挺拔的特性，因此成为谦虚、有气节、刚直不阿等美德的生动写照。北宋大文豪苏轼曾经说过："可使食无肉，不可居无竹。无肉令人瘦，无竹令人俗。"

它周围方圆10余米的植物一律停止生长，直到毛竹生长期结束才恢复。这是什么原因呢？

经过追根溯源，我们发现毛竹栽种的前5年并不是没有生长，而是在地下生长，即往地下进行生根，一株没有向上发芽的雏竹，根系可以发展10余米，向地下扎根近5米，而这种生长方式为5年之后的发展打下了坚实的基础，甚至还侵占了其他植物根系的发展空间，使之不能获得生长所必需的水分及养料，这样在第6年雨季到来时，就可以用一种垄断的方式迅速成长起来。

我国是毛竹的故乡，在长江以南大约生长着世界上近85%的毛竹。它们广泛分布于海拔400～800米的丘陵、低山山麓地带，其中以长宁、江安、兴文等县最为集中，著名的蜀南竹海，毛竹种植面积达40多平方千米。

❖ 毛竹做的工艺品

第六章 植物大奥秘

Part.06 第六章
世上**最孤独**的花

植物世界枝繁叶茂，其中独叶草最为孤独。论花，它只有一朵；论叶，仅有一片，真可谓"独花独叶一根草"。

独叶草是多年生草本植物，高达 10 厘米，没有毛。根状茎细长、分枝，生有多数鳞片和不定根；叶常 1 片，具有 5 个裂片，呈心状圆形，基生；种子白色，扁椭圆形；开一朵淡绿色的小花。

❖ 独叶草

独叶草是我国所特有的单种属植物，分布在云南、四川、甘肃、陕西海拔 2750～3900 米处的森林中，它是国家一级保护稀有植物，对研究被子植物的进化和毛茛科的系统发育有重要的科学价值。

独叶草在寒冷、潮湿的生长环境之下生活，它一般十分隐蔽，大多生长于糙皮桦林之下，光照微弱，空气和土壤的湿度大；独叶草要求偏酸性、通气性好、厚度为 10～30 厘米的腐殖质土；

❖ 独叶草

❖ 独叶草

知识小链接

我国的独叶草如今零星分布于陕西、甘肃、四川及云南等亚高山至高山地区所生长的针叶林和针阔混交林下，独叶草主要是依靠根状茎繁殖，天然更新能力较差。这些年来，因为人为破坏森林植被和破坏性采挖，如今独叶草植株数量日渐减少，自然分布日益缩小，已经引起了相关部门的重视。

独叶草生长的区域大多超过半年时间气温在0℃以下，即使炎热的夏季最高气温也就20℃左右。这同时也是毛茛科植物对生长环境的要求，因此，独叶草大多分布在海拔较高、气候寒冷的区域。

独叶草以无性繁殖为主，对环境依赖型很强，可适应的环境范围狭小，仅仅生存于中高山地区的针叶林或阔叶林中，因此对独叶草进行迁地保护较困难。在目前条件下，人类应尽量减少人为干扰，保护独叶草生存的环境。

❖ 独叶草

第六章 植物大奥秘

169

Part.06 第六章

最害羞的草——含羞草

> 含羞草是豆科多年生草本植物。因其叶片极为敏感,轻轻一碰即左右合并,似乎是在害羞,故称之为含羞草。

含羞草原产于南美洲的热带地区,它喜欢温暖湿润的环境,对土壤要求不高,而且含羞草的花形状像粉红色的绒球,很是可爱;叶片是呈掌状排列的羽毛状复叶互生;含羞草开花后结荚果,果实是扁圆形的;因为含羞草的花、叶和荚果都很喜人,而且容易成活,所以阳台、室内可以进行盆栽种植,还可以在庭院种植,被广泛养植做家庭观赏植物,是人们喜爱的植物。

含羞草在我国各地都有栽培,没有明显的地理分布或分区,其中华东、华南和西南等省区,因为气候更适合含羞草生长,所以较为常见。

含羞草有一种奇妙的功能,它可以预兆天气的晴雨变化。如果用手触摸一下,含羞草的叶子很快闭合,而张开时很缓慢,这说明天气将转晴;如果触摸含羞草时,叶子收缩很慢,下垂迟缓,甚至是稍一闭合,很快重新张开,这说明天气将由晴转阴,或者很快要下雨了。

为什么含羞草会用叶

◆ 含羞草

知识小链接

我们应该怎么样种植含羞草呢？含羞草喜欢温暖湿润、阳光充足的环境，以及排水良好、富含有机质的沙质土壤。因此在植株生长期间，可结合浇水，并每隔10天左右浇施腐熟稀薄液肥（共3～4次），这样就可以迅速生长。到冬天时，如果是盆栽，应移入室内向阳处，保持10～12℃的室温就可安全越冬。

子开合的快慢来预测天气呢？这是因为在含羞草叶部的颈部那个位置，有一个类似于小鼓状的薄壁细胞组织叫叶褥。如果叶褥里充满水，当用手触及叶子时，叶子一振动，叶褥下部细胞里的水分立即向上向两侧流动，这时叶褥下部瘪下去而上部却鼓起来，于是叶柄下垂叶子闭合，所以含羞草叶片的闭合与张开，是因为叶褥的膨压作用引起的。

而叶褥的膨压作用与空气湿度密切相关，当空气湿度很小时，叶褥膨压作用明显，叶子的闭合与张开速度快；反之，空气湿度很大时，叶子开合速度就慢。所以，含羞草叶子开合速度间接地反映了空气中湿度的大小，因此可以预测天气的晴雨。

此外，含羞草还可以预测地震。土耳其地震学家艾尔江说，在强烈地震发生前几个小时，对外界触觉敏感的含羞草会突然萎缩，然后枯萎。

日本是一个地震多发区，科学家经过实践研究发现，正常情况下含羞草的叶子是白天张开、夜晚闭合；如果出现相反的情况，那就是地震的先兆。比如说在1938年1月11日上午7时，含羞草开始张开，但到10时叶子突然全部闭合，当月13日果然发生了强烈地震。而1976年日本地震俱乐部的成员，也曾多次观察到这种反常闭合现象，随后都发生了地震。

❖ 含羞草

世界之最大百科

Part.06 第六章
自动灭火的树

一般树木遇火即燃,可是自然界中却有一种树,不仅不怕火烧,还能灭火,它见到火光就会不自主地喷洒带有四氯化碳的白色液体,这种树叫樟柯树。

樟柯树生长在非洲丛林中,是一种奇怪的灭火树,有一位科学家曾经对它防火的敏感性进行试验,他站在樟柯树下用打火机吸烟,谁料到火光一闪,树上顿时喷出白色液体泡沫,劈头盖脸地熄灭打火机的火,科学家也满身白沫十分狼狈。

可樟柯树为什么会灭火呢?原来它身上藏有一个天然的自动"灭火器"。

❖ 樟柯树

第六章 植物大奥秘

我们看这种生活在非洲安哥拉西部地区的樟柯树,会发现它树型高大、枝叶繁茂,约2.5米长的细长叶片就如姑娘们的长辫子一般垂挂下来,而这些叶丛之中,隐藏着许多大小像馒头一样的圆球,这些看似果实的圆球正是"灭火器"——节苞。节苞里装满白色透明的液体,而节苞上有许多的小孔,可以像莲蓬头一样喷射液体。

但科学家分析后发现,这些液体中竟然含有大量的四氯化碳,四氯化碳主要用作溶剂和灭火剂。真可说是名副其实的"消防器"。樟柯树对火特别敏感,一旦附近出现了火光,樟柯树就立即对节苞发出行动"指令",树上的节苞就会猛然喷射出液体泡沫,将火焰扑灭,从而使茂密的森林"转危为安"。

> **知识小链接**
>
> 有时,人们故意向樟柯树挑战,在它的树下点燃篝火,这时候,樟柯树就会全力以赴,不断地向火源喷出道道白色的浆液,直到将火扑灭以后才停止。安哥拉人对自己国家能有樟柯树这样的"灭火树"而自豪。在他们中流传着这样一句谚语:盖房要用樟柯树,不怕火灾安心住。

❖ 樟柯树

世界之最大百科

Part.06 第六章
能分泌血液的树

大自然中有一种树，它的茎干能分泌出鲜红色的树脂，如龙血一般，这种树因此被命名为龙血树。

龙血树的株形极为健美，叶片色彩艳丽，部分品种叶片密布有黄色斑点，也被称为星点木。还有的品种叶片上有黄色纵向条纹，可以分泌一种淡淡的香味，被称为香龙血树。而有一种叶片嵌有三种颜色条纹：白色、乳白色和米黄色，因此被称为三色龙血树。

龙血树喜欢高温多湿、光照充足的环境，一般来说，龙血树能适应的气温最低为5～10℃，冬天温度必须在15℃左右，如果气温过低，龙血树的根系就不能充分吸水，从而叶尖和叶缘会出现黄褐色斑块。另外，龙血树要求疏松、排水性良好和腐殖质营养丰富的土质条件。

知识小链接

龙血树同时还是迄今为止知道的最高寿的植物，1868年科学家在非洲发现了一棵年龄高达8000岁的龙血树，当时这棵树高18米，主干直径5米。

▶ 龙血树

Part.06 第六章

一身是"宝"的活化石

第六章 植物大奥秘

> 银杏号称"活化石",它出身于几亿年前,是现存种子植物中最古老的孑遗植物,与之同纲的其他植物皆已灭绝。

银杏树是第四纪冰川运动后遗留下来的最古老的裸子植物,是世界上十分珍贵的树种之一,现存在世的银杏既稀少又分散,很难找到超过百岁的老树。

银杏是落叶乔木,4月开花,10月成熟,它的种子是橙黄色的核果状。银杏又叫白果树,具备寿命长、生长慢的特点。自然条件之下,从栽种到结果需要20余年,而40年之后才会大量结果,因此我们又把它叫作"公孙树",意思是"公种而孙得食"。

银杏有欣赏、经济和药用等诸多价值,银杏种仁有抗大肠杆菌、白喉杆菌、葡萄球菌、结核杆菌、链球菌的作用;银杏树能绿化环境、净化空气、保持水土、防治虫

◆ 银杏叶

害、调节气温的作用;银杏叶中含有莽草酸、白果双黄酮、异白果双黄酮、甾醇等,用于治疗高血压及冠心病、心绞痛、脑血管痉挛、血清胆固醇过高等病症都有一定效果。所以我们说银杏全身都是宝。

经过变种如今的银杏品种有 26 种,如黄叶银杏、塔状银杏、裂银杏、垂枝银杏、斑叶银杏等。

Part.06 第六章

植物中的肉食者

第六章 植物大奥秘

我们都知道很多动物是以植物为食的，但是你见过吃动物的植物吗？自然界中有一种食虫植物，它们通过捕获并消化动物获得营养（非能量），猎物一般是昆虫和节肢动物。

❖ 捕蝇草

维纳斯捕蝇草就是这么一种非常美丽的食虫植物，它是自然界中最著名的肉食植物。这种草的叶片上长有许多细小的触角，一旦有东西碰到捕蝇草，它的叶片就会自动收拢，把外来物体包夹于其中，这种草的叶片收拢速度相当之快，不超过1秒。

捕蝇草的每片叶子都是由两片自中脉相连的圆裂片组成的，每片裂片的外刃布满了流苏般的毛须，而表面长有3根敏感的丝。当昆虫碰到丝时，裂片就会咬合，外刃的毛须互锁，把昆虫困在其中。而叶子中的腺体会分泌出汁液，消

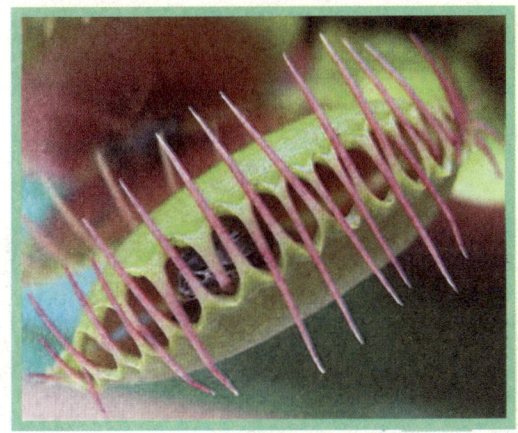

捕蝇草

世界之最大百科

知识小链接

维纳斯捕蝇草为什么以维纳斯为名呢？这与捕蝇草的研究年代有关系，那时候是处于美国的17～18世纪，社会习俗主张禁欲，女性被刻画为诱惑男人与贪恋权势的祸水，而捕蝇草设下陷阱捕食昆虫，与对女性的评价相似，所以就用代表爱情和金钱的女神维纳斯来为它命名。

化昆虫身上部分。1～2周之后，叶片再次打开，准备下一轮的捕食。

维纳斯捕蝇草为什么要捕食昆虫呢？这与它偏爱的生长环境沼泽有关，沼泽的土壤为酸性，缺乏矿物质和其他养分，大多数植物在这种环境下无法生存，而捕蝇草通过捕食昆虫收获碳水化合物一类的关键养分，从而进化出在沼泽这种独特的生态环境下茁壮成长的本领。

维纳斯捕蝇草所分布的地理区域相当狭小，目前仅在美国部分地区生长，野外的捕蝇草仅仅生存于北卡罗来纳州与南卡罗来纳州海岸一片1100多千米长的地区。而在这个区域内，它生存范围还有更进一步的局限：湿润、多雨且阳光充足的沼泽与湿地区域。

❖ 捕蝇草

Part.06 第六章

难得一见的奇花异草

放眼世界，大自然创造出许许多多新奇的植物，似乎我们了解得越多，就会觉得不知道的东西还有更多。大自然中的各种奇花异草真是让人大开眼界。不如一起去看看吧！

报警花

火山爆发历来是大自然的巨大灾难，因此，可以预测火山爆发的报警花就格外受到人们的青睐和重视。

报警花生长在印度尼西亚爪哇岛的斑格拉果山上，这座山是一座活火山，每当火山爆发之前，山顶上的报警花就会开花，人们一旦看到就知道火山即将爆发，于是赶紧远离火山躲避危险，从而保障了生命安全。因此，人们对这种花特别喜爱并加以保护。

但报警

❖ 火山爆发

花为什么会在火山爆发之前开放呢？科学家还没有找到原因。

催眠花

勃罗特花生长在西班牙，是一种野生植物，它催眠的效力可以达三小时，如果躺在野花丛中，就会起到持续催眠作用，如今当地疗养院通过盆栽勃罗特花对神经衰弱者进行催眠，疗效极佳。

魔术花

中国广西桂北山区有一种罕见的魔术花，春天的时候开放。这种魔术花的花期大概40天，花苞像桂花一样，在开放到凋谢这一段时间内，它会有规律地喷射出一个又一个白色的、约有3厘米直径的粉球，就像喷烟雾一样，粉球被喷到20厘米高处时才消失，而喷雾结束之后，魔术花的颜色由原先的红色，像变魔术一样转变成晶莹剔透的水晶色，相当迷人。

跳舞草

印度有一种跳舞草，小叶会像钟表的指针一样转动，全草数十对叶子竞相旋转，如蝴蝶在草丛之中翩跹起舞。

跳舞草是多年生阳性植物，人工盆栽的话，高度大约50厘米。这种跳舞草有很强的观赏性，即使没有风，它的叶子也会回旋不息地运动。而到了夜间，较大的一片叶子停止活动，较小的一片却仍旧可爱地转动着。跳舞草的这种行为

❖ 跳舞草

是一种自卫动作，驱赶来犯的动物。

醉草

我们都知道喝酒会醉人，但你知道有一种会醉人的草吗？

这种会令人醉的生长在非洲埃塞俄比亚的支利维那山区，它的叶子是十字瓣形，上面生长有许多白色的粉末颗粒，通过显微镜观察可以看到每个颗粒都有四个小孔，正是通过这小孔醉草会发出迷人的香味。

当经过的人闻到醉草的香味时，就会醉倒在地，而且很长时间站不起来。科学家如今正在研究醉草的奇香，而目前已经研究出来的结果表明，醉草的一种成分，可以抑制艾滋病。

知识小链接

无独有偶，坦桑尼亚的山野里有一种木菊花，花瓣味道香甜，人或者动物闻到花香就会昏昏沉沉；而如果摘一个花瓣尝尝，不久便会晕倒，一连昏睡好几天，然后自然苏醒，但不知道有没有其他长远影响。这种木菊花我国云南的西双版纳也有生长，大象闻了它的花香也会睡着。

❖ 非洲埃塞俄比亚的醉草

Part.06 第六章

会行走的树

在普遍认知中，动物是可以自由行动的，植物是固定在某一区域的，那么亲爱的读者你见过会走路的树吗？这奇妙的自然界中，确实有一种会走的树。

会走的树生活在美国东部和西部地区，名为苏醒树。当它生长在水分充足的地方时，苏醒树会安心生长，而且长势繁茂；可是一旦碰到干旱缺水，苏醒树会自动把根从泥土中抽出来攒成球体，等起风时随风飘走，而到了有水的地方，似乎有自动感应一般，它会落下来，把根插入水中，获得养分，开始新生活。

科学家经过研究，认为苏醒树是有灵性、有感应的植物，可以不断适应周边的环境，比一般的植物要高级，属于植物中的天才。苏醒树可以有意识地控制身体，虽然不能像人类一样改变环境，但能通过寻找自己需要的环境让自己得到更好的生存条件，确实是植物界中的奇迹。

苏醒树的生长也很有特点，是一个不断进行自己提升的过程，让它生长起来之后，又蜷缩身体，沉睡；再张开身体，苏醒……通过这样的过程努力使自己重生，因此这也是它被命名为苏醒树的原因。

在美国，苏醒树的数量非常少，但生命力却很旺盛，从而给生物学家研究生物的感应与感知的存在情况提供了方便条件。

> **知识小链接**
>
> 植物界中还有一些本领高强的"旅行家"。如南美洲有一种草，当生长的地方发生干旱时，草就从土中抽出根绻成小球随风飘荡，到水分充足处再重新扎根生长；沙漠中还有"步行仙人掌"，这种仙人掌的根部是由许多带刺的嫩枝组成的，能够靠着风的吹动，向前移动很大的一段路程。

Part.06 第六章
见血封喉的树

第六章 植物大奥秘

> 武侠小说中常常提及"见血封喉"的毒药,而云南西双版纳有一种林中毒王——箭毒木,也具备见血封喉的毒性。

箭毒木生长在海拔1000米以下的常绿树丛中,树型高达30米,树皮灰色,有泡沫状凸起。枝叶四季长青,叶呈椭圆形互生,大概有9～19厘米长、4～6厘米宽,基部呈不对称的圆形或心形;叶背和小枝边缘有时有锯齿状裂片,常有毛。

箭毒木春夏开花、秋季结果。花是黄色的,雄花呈序头状;果实肉质,呈紫黑色梨形模样,直径3～5厘米,味道很苦。

如今箭毒木已经是濒临灭绝的稀有树种,为国家二级保护植物。

箭毒木的树汁有剧毒,它是自然界中毒性最大的乔木,当地少数民族在历史上将可以见血封喉的枝叶、树皮等捣烂,取其汁液涂在箭头,用来射猎野兽。据说被射中的野兽,上坡的跑七步,下坡的跑八步,平路的跑九步,而后必死无疑,当地人称之为"七上八下九不活"。

在当地传说中,最早发现箭毒木的汁液含有剧毒的是一位傣族猎人。这位猎人在一次狩猎时,被一只狗熊紧逼,

❖ 箭毒木的简介

世界之最大百科

被迫爬上一棵大树,可狗熊仍不放过他,猎人走投无路,处于生死存亡的紧要关头,他急中生智,折断一根树枝,刺向正在爬树的狗熊,结果奇迹发生了,狗熊落地而死。从那以后,西双版纳的猎人知道了这种树的汁液有毒,于是把箭毒木的汁液涂于箭头用于狩猎。

据科学家的研究,含有剧毒的箭毒木乳白色汁液,如果接触人畜伤口,可以使心脏麻痹(心率失常导致)、血管封闭、血液凝固,最后窒息死亡,因为它见血就要命,是名副其实的见血封喉。但这种毒并非不能解,红背竹竿草是它的解药。红背竹竿草生长在见血封喉树根部的四周,样子与普通小草无异,只有少数的黎族老人才认识。

科学家们通过提炼箭毒木毒汁,从中发现了强心苷,这是一种救命的良药,小剂量使用有强心作用,加强心肌收缩力;但如果大剂量使用,会使人畜死亡以及中毒,心脏停止跳动。所以,箭毒木的汁液,虽是杀人的毒药,但如果使用得当,却能够治病救人,大自然就是这么神奇。

> **知识小链接**
>
> 箭毒木虽然有毒,但它的树皮特别厚,富含细长柔韧的纤维,云南自治区西双版纳的少数民族利用它制作褥垫、衣服或筒裙等。用箭毒木树皮纤维制作的床上褥垫,既舒适又耐用,即使睡上几十年也具备很好的弹性;而制作的衣服或筒裙,既轻柔又保暖,深受当地居民喜爱。

❖ 箭毒木